Td 57/189

OBSERVATIONS

SUR

LE CHOLÉRA-MORBUS.

OBSERVATIONS

ET ANNOTATIONS PRATIQUES

SUR LE

CHOLÉRA - MORBUS,

OUVRAGE DANS LEQUEL ON PROUVE
QUE LE CHOLÉRA VULGAIRE N'EST POINT UNE MALADIE SPÉCIALE,
MAIS SEULEMENT UN DES SYMPTÔMES DOMINANTS D'UN TYPHUS DONT LES VARIÉTÉS,
BIEN DÉSIGNÉES ET RÉSULTANTES DE LA MÊME CAUSE,
DEMANDENT LE MÊME TRAITEMENT;

PAR M. CL. BALME,

Docteur en médecine de la faculté de Montpellier, ex-chef dans les ambulances actives
de l'armée de Lyon (en 1793), ancien officier de santé de première classe dans les
corps armés de France; ex-médecin de l'armée française en Orient, ex-président de la
commission de salubrité dans la division de Damiette (Egypte), ci-devant secrétaire-
général de la Société de médecine de Lyon, ex-administrateur des bureaux de bien-
faisance et de vaccine, et conseiller municipal de la même ville; correspondant de la
ci-devant Faculté de médecine et du cercle médical de Paris, de la Société d'émulation
du Jura, des Sociétés littéraires ou médicales de Berne, Besançon, Bordeaux, Bourg,
Dijon, Evreux, Macon, Marseille, Milan, Montpellier, Nancy, Orléans, Parme, Rome,
Rouen, Toulon, Toulouse, Tours et Turin.

PARIS,	LYON,
J.-B. BAILLIÈRE, LIBRAIRE,	AYNÉ FILS, LIBRAIRE,
Rue de l'École-de-Médecine, 13.	*Rue Saint-Dominique, 2.*

1849.

INTRODUCTION.

—

Toute contrée dont le sol sera bourbeux, uligineux, marécageux et peu favorisé d'une végétation convenable, dont les habitants seront fréquemment et tour-à-tour fatigués par des douleurs d'estomac et d'intestins, par la goutte et le rhumatisme, par des affections asthéniques, par des fièvres périodiques, intermittentes, rémittentes et typhoïdes, et dont enfin l'alimentation aura été défectueuse, ascescente, mal digérée, et aura amené des flatulences habituelles et nullement combattues par le plaisir et par une agréable animation; toute contrée, dis-je, se trouvant sous les conditions défavorables susdites, présentera une opportunité à des épidémies, à des épizooties de nature catarrhale, dont le choléra-morbus, par exemple, sera souvent une forme, et dont la cause sera commune à d'autres variétés de maladies régnantes, très analogues entre elles, surtout d'après des perturbations morales et physiques, et demandera à peu près les mêmes précautions hygiéniques et les mêmes moyens curatifs.

Cet état anormal peut tellement compromettre le corps

1

social, que des populations entières en sont décimées, et que le gouvernement le moins paternel est cependant obligé de mettre des bornes à son aveuglement et à son incurie, de provoquer l'assistance et les secours des médecins, qui eux-mêmes, faut-il le dire franchement, ne sont peut-être pas exempts de reproche, ainsi qu'il sera prouvé plus bas, de quelque insouciance ou négligence, sans doute involontaire.

Avant de terminer cet article préliminaire, et dont on désirerait une facile et juste réfutation, je demanderais à mes lecteurs d'examiner froidement, sans prévention et sans mauvaise intention, si des individus, à qui d'autres, de sentiments différents, prodiguent la qualification de *réactionnaires,* dans ce moment d'irritation générale, ne doivent pas leurs opinions trop exclusives et par trop excitantes, *à des altérations dans leur état physique ou à des aberrations de leurs facultés mentales, les unes et les autres congénialement reçues ou accidentellement acquises.*

Cet examen physiologique et psycologique serait, à mes yeux, d'un intérêt si grand, que ceux dont je vais esquisser en peu de mots la position vitale et sociale, voudront bien me pardonner ma témérité. Ainsi, que chacun de nous tous, dont l'*animation,* à dessein ou involontairement, trouble sa propre existence ou la tranquillité d'autrui, veuille bien paisiblement, s'il est possible, descendre dans son for intérieur, à l'effet de reconnaître et d'avouer noblement et courageusement qu'il doit son irascibilité,

son obstination, son intolérance, son égoïsme ou son in-
différence pour ses semblables, et son inhumanité même
pour les malheureux, fussent-ils coupables (1), à quelque
dérangement dans son organisme, comme à des douleurs
de tête, à une perversion dans les sens de la vue ou de
l'ouïe, à une affection de poitrine accidentelle ou de naissance, à des malaises soutenus du système gastrique, à des
altérations dans la moelle épinière, à des souffrances morales par l'absence des faveurs de la fortune, par des re-
vers et des privations d'honneurs et d'argent, par les vices
de l'orgueil, de l'envie et de l'hypocrisie, etc., qui rédui-
sent toujours à une désorganisation plus ou moins complète. Si ces infortunés qui ont à se plaindre de ces per-
versions particulières poursuivaient leurs investigations,
ils trouveraient peut-être (ce qui les rendrait un peu
plus excusables) qu'ils les doivent à des parents malingres,
hypocondriaques, hystériques et *lymphathiques*, dont les
fluides et les solides manifestent en effet une action maladive chez des sujets qui ont un *facies* constamment con-
vulsé par des efforts de tout savoir ou de tout avoir, ou
sillonné de cicatrices repoussantes si communes parmi les
ouvriers et les industriels qui, manquant d'excitations douces, variées et alternées (chez le prolétaire comme chez le
propriétaire), sont des stygmates qui caractérisent ce que
l'on appelle vulgairement *humeurs-froides*.

(1) On ne saurait trop le répéter, l'infortune du criminel a le droit sacré
de purifier ses victimes, et celui que le ciel punit, devient comme innocent
pour nous. (FONTENELLE.)

Dans cet état de choses, les uns et les autres de ces individus n'ont qu'une vie d'emprunt, qui, tenant à l'influence forcée de ceux qui les entourent et les diri-
gent, les rend incapables de donner accès à des sentiments
d'oubli et de clémence, pour n'écouter que la haine et la
vengeance, au lieu de n'opérer qu'un rapprochement et une
conciliation si utiles et nécessaires à tous ; et cependant
encore, parmi ces implacables, combien n'en est-il pas dont
les malheurs ou la mauvaise foi auraient bien besoin d'indulgence et de générosité pour faire oublier les prêts usu-
raires, les faillites et les banqueroutes, ainsi que d'autres
méfaits plus ou moins antérieurs à la levée de boucliers
que dans tout le monde ils ont peut-être eux-mêmes dé-
-sirée et provoquée?

Mais il me presse de terminer des détails fatigants pour
m'occuper plus spécialement d'un fléau qui est à nos por-
tes, et que le médecin et le magistrat doivent détourner ou
atténuer d'autant plus que son invasion et son activité ne
peuvent qu'être favorisés par l'état de perturbation générale qui nous tourmente et par la crainte des dangers qui
nous environnent de toutes parts et dont la réalisation
amènerait nécessairement notre pays à un gouvernement
tyrannique et absolu, celui où les paysans seraient *escla-
ves* et les gentilshommes *domestiques* (1).

(1) Bernardin-de-Saint-Pierre, t. 1, p. 222 , 225.

OBSERVATIONS

SUR LE

CHOLÉRA-MORBUS.

Depuis quelques années d'acquisition d'une propriété rurale aux environs de Lyon, entre la Saône et le Rhône, j'eus à me plaindre de malaises continuels dont je n'avais pas seulement soupçonné ni la nature ni la cause. Mais fortuitement amené, dans l'été 1843, à faire une longue absence, j'eus l'avantage de jouir, dès la première nuit de mon voyage, d'un sommeil assez long et bienfaisant que je n'avais pas goûté depuis longtemps, et qui en définitive fut suivi d'un bien-être soutenu pendant mes courses et mes différents séjours, soit dans le nord et le midi de la France, soit dans la Suisse (1).

(1) Voir mes notes sur les effluves marécageux, p. 6.

Mais, quelques mois après mon retour dans ma campagne du département du Rhône, et sous l'influence de quelques nouveaux chagrins, j'eus à me plaindre de rechef de mes anciennes indispositions, qui furent encore aggravées par une fièvre typhoïde dont fut surpris le plus jeune de mes petits-fils, âgé de douze ans (1).

Cette dernière épreuve morale me valut le retour d'une affection rhumatismale, tandis que d'une autre part plusieurs de mes voisins présentèrent en même temps ou des fièvres, ou des catarrhes avec exacerbations, et que parut en outre une épizootie parmi les bêtes à cornes du canton (2).

Ce nouvel état d'indispositions dans la localité me ramena d'autant plus à m'occuper d'hygiène publique, au sujet de laquelle j'avais déjà manifesté quelques inquiétudes, que par un froid vif, et après un temps mollasse, je me sentis frappé par

(1) Ce typhus, arrivé à la fin de l'automne, et parmi les symptômes rémittents duquel se remarquèrent une aphonie de quatorze jours, et une perte de connaissance pendant une semaine, fut combattu par la méthode dermique irritante et quinquinacée.

(2) Je crois me rappeler qu'une de mes vaches eut, pendant plusieurs jours, *la cocotte* ou *fièvre aphteuse* de la bouche, et consistant en phlyctènes à la langue, aux genoux, aux pieds et même aux mamelles. (DONNÉ, *Cours de microscopie*, p. 495 et 502.)

une fièvre périodique paludéenne, probablement
déterminée par des inondations antécédentes qui
avaient donné lieu à la formation de diverses mares
d'eau superficielles. Ce fut au premier accès que
je m'aperçus d'une tendance à une fièvre tierce
pernicieuse, dont je devais en conséquence prévenir ou diminuer le paroxysme suivant, à l'aide
du fébrifuge par excellence, dont, en effet, l'action fut telle que le frisson du deuxième accès se
fit à peine sentir, et que la chaleur fut suivie, non
de la sueur, mais d'un dévoiement si fort, que
j'en fus comme anéanti et que je tombai dans une
si grande prostration de forces, que ma famille fut
effrayée et qu'elle manda, dans la nuit, un médecin, lequel, quoique très inquiet, ne pensa pas à
changer de médication et prescrivit la continuation du quinquina. Dès le lendemain de cette nuit
orageuse, on s'aperçut d'un mieux. Je pus, en effet,
rendre compte de mes sensations passées et pré-
sentes, ainsi que de ce que j'avais pu faire. Les
accès subséquents diminuèrent, et toutefois ils
furent suivis d'une convalescence d'autant plus
pénible, que, *ne pouvant me procurer* un changement nouveau de climat, ni de nouvelles distrac-
tions, je continuai de présenter un tel état valétudinaire qu'il était facilement et fréquemmment

exaspéré par l'apparition simultanée ou success-
sive de symptômes maladifs, ou identiques, ou
analogues, ou seulement différents *en apparence*.

Ce fut dans cette position continuellement anormale que j'ai été alternativement fatigué, ou par
une toux sèche, ou par des attaques de rhumatisme en divers points du corps, ou même par des
accès de fièvre intermittente, que cependant j'ai
réussi à calmer ou à détruire, au moyen du quinquina donné seul ou allié à l'opium, etc.

Toutefois, toutes ces précautions n'enrayaient
que momentanément mon opportunité maladive,
que la moindre circonstance nuisible pouvait facilement réveiller. C'est en effet ce qui arriva fin
septembre 1848; ce fut dans la même saison précédente de 1847 que j'ai eu l'espèce de cholérine
bénigne dont j'ai parlé ci-devant (p. 7), malgré
que j'eusse pris tout récemment et en deux
jours six grains de quinine opiacée, d'ailleurs in-
diqués par de nouveaux malaises rémittents ou
périodiques, et qui en furent suspendus. Le 2 octobre, sur les onze heures du matin, deux jours
après un refroidissement par un temps humide,
après une secousse morale attristante, auxquels se
joignaient encore les fatigues d'une indigestion
d'huîtres, je fus subitement assailli de coliques

d'estomac qui me forcèrent à me mettre de suite
au lit. Le changement bien inattendu me fit aussitôt songer à ma panacée ordinaire, mais *c'était
trop tôt et trop tard*, car j'avais à supporter : 1° l'action d'un accès qui avait déjà commencé à s'établir, et 2° l'effet du fébrifuge que je venais de
prendre. Aussi, de ce moment mes coliques se
sont fait vivement ressentir, et ma prostration
des forces est devenue si profonde, que, voulant
essayer d'aller du ventre, je me sens plus que
mal, et que je tombe dans une défaillance complète.
Trois personnes ont de la peine à me remettre au
lit, où des évacuations alvines plus que copieuses
ont lieu, mais toutefois en diminuant mes
douleurs gastriques. A ces premières selles ex-
traordinaires succèdent bientôt des vomissements
simplement aqueux ou muqueux, et n'ayant ni
odeur ni saveur ; mais ils sont si abondants, que
je remplis incontinent plusieurs vases. Ils ne tar-
dent pas néanmoins de cesser pour faire place à
des douleurs de ventre qui elles-mêmes sont
brusquement accompagnées d'autres évacuations
abdominales, lesquelles ainsi alternent avec les
vomissements et les coliques. Cette succession et
ces alternations de déjections ou de douleurs ont
lieu cinq fois en trois heures environ, mais en

telle quantité, que j'étais comme dans un cloaque boueux et putride, et que mon lit en était comme transpercé. Ma faiblesse est telle que je ne peux me remuer ni être remué d'aucune manière; cependant je ne parais pas perdre ma connaissance malgré la continuation de mes coliques nerveuses qui quelquefois se compliquent, soit de crampes au pied gauche, soit d'une constriction spasmodique persistante et douloureuse des articulations maxillaires, qui m'empêchent d'ouvrir assez la bouche pour permettre que l'on y introduise le bout d'une petite cuillère à café pour l'humecter de quelques gouttes de liquide. L'on me croit perdu, et tous les secours pharmaceutiques et religieux me sont prodigués. Sans pouvoir parler distinctement, je me fais assez comprendre pour qu'on prenne *ses précautions*. Néanmoins, sur les sept ou huit heures du soir, mes terribles accidents semblent se calmer. Je présume que cette amélioration est le résultat de l'action du fébrifuge pris au commencement de l'accès.

Quoiqu'il en soit, une réaction salutaire paraît se manifester; un mouvement d'oscillation générale s'établit et s'annonce par la sensation d'une moindre prostration des forces. Réclamant alors quelques précautions et un peu d'aide, je songe et je parviens à quitter mon détestable et immonde grabat ; je me fais tenir droit devant le feu, et, soutenu par trois assistants, je me débarrasse moi-même, quoique avec lenteur et peine, du gros de mes souillures qui me font horreur ainsi qu'aux autres, et je suis transporté sur un lit de repos, dans un petit cabinet attenant à ma chambre; on m'y ferme pour aérer la pièce que je viens de quitter et pour bouleverser mon alcove et tout renouveler. Au bout d'une heure d'un travail aussi pénible que rapide, on me change de nouveau de linge de corps, et je suis transporté dans mon premier lit, mais fraîchement fait et bien reblanchi. Je commence à m'y sentir mieux, et, à part quelques coliques instantanées, je goûte quelques moments de repos, et, le matin suivant, je ne me plains que de ma faiblesse. L'on me fait prendre quelques gouttes de bouillon et l'on m'administre quelques grains de quinine toujours opiacée. Ce régime et cette médication, à laquelle je fais joindre les fomentations quinacées sur l'abdomen, ainsi que les frictions sur les jambes avec la teinture de quinquina obtiennent quelques succès ; mais il me reste des tensions douloureuses au côté droit du col et quelques borborygmes fatiguants, et dont la disparition momentanée me permet de reconnaître mon colon transverse bien sensiblement rétréci et dur, et même de sentir comme immédiatement les battements du tronc cœliaque. Malgré que les préparations quinacées ci-dessus aient pu être pour quelque chose dans la persistance de l'état intérieur de la capacité abdominale dont il vient d'être question, j'ai dû les continuer avec d'autant plus de raison que j'ai eu à me plaindre *au milieu de chaque nuit,* soit de froid aux pieds et aux jambes, soit de démangeaisons dans ces mêmes parties, ou même de douleurs à la région pariétale droite de la tête, lesquels symptômes se succédaient tous et se remplaçaient les uns par les autres. Je n'ai presque point uriné les trois premiers jours ; ce n'a été qu'environ le huitième jour que le ventre, sujet jusqu'alors seulement à des flatulences fréquentes, et que l'estomac ont donné quelques signes de retour à leurs fonctions ; mes pieds et le bas de mes jambes ont été enflés pendant une quinzaine ; mon alimentation s'est réduite à si peu de chose pendant près d'un mois, que je n'ai point cessé de prendre du quinquina de temps en temps. L'eau rougie que j'ai souvent désirée m'a tellement répugné le matin du troisième jour de ma crise, que je rejetai d'horreur le verre qui en contenait précisément en me renversant en arrière la tête, comme l'aurait fait un

hydrophobe, et quelques infusions de feuilles d'o-
ranger et de fleurs d'arnica faisaient toutes mes boissons. J'ai insisté assez long-temps sur les frictions
ou embrocations huileuses et aromatiques sur l'abdomen et les extrémités. Avec ce traitement et
ce régime, ma maigreur était extrême ; mes di-
gestions étaient souvent troublées par des étourdissements inquiétants, et même par des défail-
lances où il a fallu me secourir. Enfin, au bout
d'un mois j'ai essayé de sortir en voiture ; le grand
air m'a beaucoup éprouvé ; en définitive, j'ai pu
voir ma campagne. Je n'ai pas été aussi heureux
le surlendemain ; un vent froid et fort m'a obligé de
rentrer de suite. Depuis ce jour et d'après le temps,
j'ai été forcé de garder la chambre et quelquefois le
lit. Avec toutes les précautions que nécessitait
mon état valétudinaire, et tout en ayant l'avantage
de voir s'opérer peu à peu le remplacement d'un
rhumatisme assez douloureux que j'avais depuis
quelques semaines au haut du bras gauche par des
maux de tête plus ou moins fréquents à de certaines
époques, j'étais continuellement dans un tel état
de susceptibilité morbide, principalement du côté
de l'estomac, que j'étais menacé par la moindre
circonstance anormale d'un nouvel orage qui effectivement survint à la fin de novembre 1848, à l'oc-

casion d'une terrible indigestion qui s'annonça par des tiraillements dans l'estomac et les intestins, d'autant plus cruels qu'ils n'étaient qu'avec des hoquets et des distensions flatulentes et globuleuses, sans être suivis ni de vomissements ni de selles, comme dans les deux cas précédents, ce qui constituait ainsi, dans ce troisième, une affection intestinale désignée par plusieurs écrivains sous le nom de choléra ou *sec,* ou *nerveux,* ou *douloureux,* ou *blanc.*

En général, j'ai eu bien plus à souffrir de cette dernière atteinte que des deux précédentes, et je ne peux pas dire encore que j'en sois débarrassé. Je suis toujours forcé à ne faire que quelques pas à pied, de ne faire qu'un petit déjeuner et un léger dîner sur les cinq heures. J'éprouvais également de temps en temps des étourdissements au moindre mouvement que je faisais ou que l'on me faisait éprouver dans mon lit le matin en me levant, et des fraîcheurs et douleurs parfois périodiques, principalement la nuit, qui se terminent par des chaleurs et une moiteur visqueuse, et contre lesquelles j'emploie quelques graines de quinine, et des perturbations intestinales que je combats par des laxatifs et des embrocations grasses sur le ventre et un peu aromatiques sur les membres, par la moutarde sur différents points, ou des jambes, ou des bras, et surtout par l'emploi de lavements faits avec le kina, le miel et quelque peu de savon. En définitive, mes malaises habituels ne cessent point. Ces jours passés de la mi-avril j'ai ressenti des douleurs sciatiques et parfois générales, ce qui m'oblige à ne point quitter mon régime, mes précautions et mes légers fébrifuges associés à l'opium. Comme je suis fatigué par les aigreurs, j'évite l'herbage et les crudités, et je me propose de recourir à quelques gouttes d'alcali volatil étendues dans un véhicule approprié. La saison actuelle est froide et pluvieuse. Je soupçonne que ma campagne n'a pas peu contribué à mes maladies.

Du reste, je m'en suis tellement occupé depuis quelques années que j'aurais pu présenter à ce sujet quelques détails plus ou moins intéressants, si une longue maladie et de grandes souffrances qui m'ôtent encore mes forces, ne se fussent opposées à un travail assez soutenu et assez pénible. Je préviens toutefois le public que la collection des matériaux que je me suis procurés, se compose de plusieurs mémoires : 1° sur l'air atmosphérique ou commun, 2° sur quelques espèces d'airs non ordinaires, et principalement sur l'air fixe ou acide carbonique ; 3° sur les marais ; 4° sur les terrains, les constructions, les habitations et

autres localités marécageuses ; 5° sur les émanations, les miasmes, la fermentation, la putréfaction,
l'exhalation et l'absorption, soit en général, soit
en particulier ; 6° enfin, sur les causes et le traitement des différentes maladies épidémiques, marécageuses et typhoïdes.

Je pense que, d'après l'historique fidèle de mes
attaques morbides dont je me ressens encore, et
d'après la véracité d'un médecin honnête que mes
confrères ne me refusent pas, on y trouvera les
traits caractéristiques de ce qu'on appelle vulgairement *choléra*, que j'ai déjà présenté en 1832,
non comme une maladie *sui generis,* mais plutôt
comme un symptôme grave et particulier à la
famille des fièvres malignes, ataxiques, dites
typhoïdes.

Ainsi, la vigilance de l'autorité relativement à
l'état sanitaire public ne doit pas se borner à l'existence de ce que le vulgaire appelle le *choléra*, lequel
est indigène ou exotique, isolé ou contagieux, mais
encore à celle d'autres maladies plus ou moins analogues, et dont les symptômes, quoique variés,
tiennent à une même cause, et demandent de mêmes moyens préservatifs ou curatifs, avec quelques
modifications cependant, tenant à la différence
des organes compromis. Ainsi les diarrhées et les

vomissements, voire même la cyanose, ne sont pas
les seuls états maladifs à prévenir, à enrayer, à
combattre. Ainsi, les différents typhus, connus sous
les noms de fièvres ataxiques, adynamiques, cérébrales, péripneumoniques, ainsi que ceux appelés
peste *orientale* (peste *glanduleuse*), fièvre *jaune*
(dite *biliaire* ou *ictérique*) et *choléra* (*gastro-intes-
tinal*), peuvent se succéder les uns aux autres , se
remplacer mutuellement ,. et présenter en conséquence divers symptômes dominants et caractéristiques, quoique produits par les mêmes causes
partielles en général et n'admettant point de différences essentielles. Ainsi la fièvre cérébrale dont
tel politique, militaire ou ministre, ou tel individu
dont le cerveau a été plus ou moins exercé par les
affaires et les études du moment ; ainsi un jeune
homme accoutumé aux soins de parents affectueux ;
ainsi une femme puerpérale, affaiblie ou boule-
versée par les souffrances d'un accouchement pénible et suivi de grandes pertes de sang ; ainsi enfin un homme dissolu, sous l'influence d'une erreur
dans le régime, tous soumis à l'impression d'une
constitution catarrhale, ou d'un effluve marécageux, ou d'un miasme contagieux quelconque, peuvent encourir un même état morbifique, mais pro-
téiforme, à raison de leurs organes prédisposés à

un dérangement quelconque. Dans tous ces cas,
qui paraissent distincts, mais seulement en apparence, l'on doit avoir égard à l'identité de la cause
des maladies, au type, à la marche et à la constitution régnantes en un mot, sources de l'état nouveau où ont été plongés ces différents individus.

Cette mutation dans le formel d'une maladie populaire, dont je m'occuperai encore avec plus de
détails quand il sera question de l'analogie à reconnaître entre plusieurs épidémies typhoïdes et
celles qui se manifestent et se connaissent sous le
nom de fièvres intermittentes ou rémittentes *marécageuses*, se rencontre fréquemment à l'occasion
de celle que l'on appelle *pétéchiale*, qui effectivement ne consiste pas précisément et nécessairement dans les pétéchies et dont la cause productive
peut, dans certaines circonstances et sous certaines
conditions, donner lieu à des lésions externes ou
internes, locales ou générales, mais dont le traitement, malgré quelques différences seulement
apparentes, demande des moyens analogues et
presque identiques. Ne serait-il pas utile d'ajouter
que ces différentes formes ou physionomies des
typhus cholérique ou pétéchial, etc., consistent
peut-être dans l'intermittence ou dans la rémission
que les uns ou les autres de ces typhus présentent

dans leur invasion et dans leur marche, parce qu'ils sont le résultat d'un dérangement et d'une perturbation dans le système *gastrico-cutané*? C'est d'après cette observation clinique que je répéterai qu'il y a une grande analogie entre le choléra, les fièvres exanthématiques et les fièvres miasmatiques et marécageuses; l'importance de cette note n'empêchera pas d'avouer que la présence de ces fléaux ne doit pas exclure quelques précautions sanitaires, dont au surplus les bons effets ne pourront qu'être favorisés et confirmés par le régime, par le courage et par la tranquillité d'esprit, si nécessaires dans les calamités publiques.

J'avoue que pour me concilier un peu le lecteur et le médecin, en faveur de mes assertions sur la forme de l'épidémie qui nous afflige, j'aurais peut-être besoin de m'appuyer de l'exemple et de l'autorité de quelques écrivains recommandables. C'est dans cette vue que je ferai, au sujet de ce fléau, ce que M. Maret a fait dans le temps à l'occasion des maladies épidémiques qui arrivent en différents pays, et dont l'analogie, la conformité et la ressemblance (quant aux causes, à la nature et au traitement) peuvent être telles que, dans le tableau que ce célèbre médecin de Dijon en a tracé, il a jugé à propos de ne pas employer le mot de *symptômes,* mais seulement celui d'*accidents*, pour déterminer les nuances peu saillantes que ces *maladies populaires* (*morbi vernaculi*) présentaient entre elles. (*Mémoires de l'Académie de Dijon*, tome I, p. 126.) Les annales de la médecine peuvent encore nous offrir un exemple et un modèle de cette réserve nosologique : 1° dans la description que des observateurs scrupuleux et prudents nous ont laissée (depuis le 15e siècle jusqu'aux temps actuels) de plusieurs épidémies et endémies catarrhales dont le *facies* variant régulièrement a constamment présenté une série, une succession, un *enchevêtrement* de symptômes qui, quoique différents, mais seulement en apparence, demandaient à peu près le même traitement, parce que leur cause commune s'exprime sur telle ou telle partie, d'après des circonstances et des conditions éventuelles, qui amènent des symptômes non essentiellement distincts; 2° la même remarque est à faire dans l'exposé de quelques maladies régnantes, que Sydenham nous a laissé avec tant de détails, surtout au sujet de la goutte et de la dyssenterie. L'observation de Lancisi, d'après laquelle les maladies *intercurrentes* deviennent plus rares, mais pour être remplacées par des morts subites, est tout à fait conforme à ce que présente l'épidémie cholérique qui semble exclure les autres maladies vulgaires (*petites épidémies*) pour se faire ensuite momentanément remplacer par une autre maladie plusou moins grave. (Consultez les ouvrages de Granberg, p. 66, de Lorry, le *Journal de Médecine*, in-12, t. XXII, p. 427, le *Dictionnaire des sciences médicales*, t. XXIII, p. 139, et Medicus, maladies *périodiques sans fièvre*, p. 267.)

Me voici naturellement amené à parler de la succession des épidémies morales et des épidémies physiques. J'ai déjà dit et prouvé dans mes différents mémoires sur les maladies contagieuses et épidémiques : L'on n'est pas atteint des unes ou des autres, dans tous les temps de leur dominance, lors même que l'on se trouve sous l'influence des événements les plus saisissants ; ainsi, il ne faut pas s'attendre à voir que les personnages ou individus qui se montrent les plus animés dans nos commotions politiques et sociales, soient immédiatement frappés de ces maladies, car leur état mental semble être, pour le moment, un obstacle pour qu'ils se sentent atteints du choléra ou d'une autre épidémie ; mais leur immunité n'est que retardée. Après le calme qui succède tôt ou tard à un orage politique et anti-social, nos organes matériels éprouvent à leur tour une anesthésie partielle ou générale ; de là, les fièvres ataxiques, typhoïdes et foudroyantes ; de là même , un affaiblissement dans nos affections morales ; de là, un changement dans nos égards envers nos concitoyens, nos amis et nos proches. Ainsi, messieurs les réactionnaires , appelez de vos vœux les amis nos ennemis, laissez-les, s'il est possible , opérer une nouvelle invasion dans notre infortunée patrie, quel résultat en obtiendrez-vous? Vos compatriotes vous maudiront et se maudiront entr'eux, vos femmes vous abandonneront, vos enfants vous renieront, vos filles déshonorées vous accableront de reproches et de mépris, vos voisins, enfin , ne vous porteront ni plaintes, ni pitié ; les barbares du nord seuls profiteront de votre désertion, en ce que, en compensation de la guerre qu'ils nous auront faite, et de la famine et de la peste qu'ils nous apporteront , ils ne gagneront, par leur contact avec les vaincus, que l'inoculation de la démocratie et l'intussussception de la civilisation et de la vraie religion du Christ.

Malgré nos doléances sur le passé et le présent, et malgré nos prévisions fâcheuses dans l'avenir, continuons de nous occuper surtout de nos ennemis de l'intérieur, et rappelons-leur que ce fut à la suite d'une émeute qui eut lieu dans Moscou , le 15 septembre 1771, que la peste fit des ravages si

intenses que presque tous les prêtres de la ville
périrent à la suite de cette émeute ; ce ne fut qu'à
l'arrivée du froid que ce fléau parut s'adoucir dès
le 10 octobre , et que l'on put, en novembre et en
décembre , enterrer les morts sans danger. La
mortalité attaqua spécialement les classes inférieures (1) ; cette préférence a eu également lieu
dans le choléra de Paris en 1832, il n'en est pas
tout-à-fait de même du choléra d'aujourd'hui.

D'après les observations précitées, et qui me
sont *personnelles*, ne suis-je pas fondé à avancer,
comme je l'ai déjà fait en 1832 , que la maladie
appelée vulgairement *choléra* n'est point une
maladie *sui generis*, et qu'elle n'est qu'une forme
variée, une nuance bien tranchante, un symptôme plus ou moins fréquent de diverses maladies
qui proviennent d'une même cause morbide, mais
s'exprimant sur différentes parties, parmi lesquelles il faut avouer toutefois que les viscères
du système gastrique (2) sont le plus souvent
compromis, et dont ainsi la lésion sera combattue
par un traitement plus ou moins analogue et
identique avec celui des affections cérébrales,
pulmonaires, gastriques et autres, quand la cause

(1) Encyclopédie. (*Dictionnaire de Médecine*, tome XI, p. 602.)
(2) V. Médicus, *Des Maladies périodiques sans fièvre*, p. 272.

maladive commune aura porté et agi sur le cerveau, sur la poitrine et ailleurs, etc., etc. Dans cette série de maladies concordantes, provenant d'une même cause, il est naturel de s'attendre que la durée des symptômes des unes et des autres sera différente, suivant que l'action d'une même cause sera *locale* ou *générale*; car, dans le choléra *marécageux* ou *typhoïde*, se manifeste-t-elle par une impression concentrée, bornée et topique, par une *intoxication* partielle et circonserite, les accidents et les symptômes seront brusques, graves et foudroyants ou thoraciques, etc. ; tandis que, si ces mêmes maladies consistent dans des perturbations, dans des angoisses épigastriques, elles pourront disparaître pour s'éradier sur d'autres organes plus ou moins éloignés et plus ou moins nobles, et produire des embarras, des lésions dans les systèmes cérébrale, thoracique, etc.

PRÉLIMINAIRES.

§ Ier.

ANTAGONISME, CONSTITUTION, DIATHÈSE.

C'est dans la coexistence de deux états, de deux forces, de deux facultés plus ou moins opposées dans les fluides et dans les solides, que consiste *la vie;* et c'est dans la prédominance plus ou moins manifeste de l'une ou l'autre force que se manifeste ce que l'on appelle *diathèse, constitution, idiosyncrasie,* etc.

La santé a lieu quand cette dominance n'excède pas certaines limites, et la maladie survient quand elle est décidément anormale; de là, les affections inflammatoires, bilieuses, lymphatiques et nerveuses.

En général, l'ascescence et l'alcalescence de nos humeurs, et le *strictum* et le *laxum* de nos solides, constituent le dualisme vital, l'antagonisme ou l'oscillation des mouvements qui se manifestent dans nos fonctions naturelles et animales;

et si l'on ne se trompe pas, il est peut-être à dire
que le choléra, par exemple, a pour élément morbide et *prédominant* de notre organisme *l'ascescence* dont nos solides et fluides sont pénétrés.
Cette ascescence diathésique est désignée, par
différents écrivains médecins, sous les noms de
lentor viscidus, en latin, et de *pituite*, en français.

§ II.

PYREXIE.

On appelle *pyrexie* certain degré de réaction
générale, qui se manifeste par une excitation
portée sur une partie dont les propriétés vitales
sont exaspérées par suite de l'accord dans les
divers systèmes de notre organisme.

Cette excitation augmentée prend le nom de
pyrexie, quand le lieu primitivement affecté se
montre plus sensible que de coutume et qu'il
devient douloureux. Mais cette même excitation
anormale est appelée *fièvre,* quand, avertissant à
peine de son existence et n'étant encore que
comme inaperçue, elle se développe, s'étend, et
devient plus générale.

Que, par exemple, la muqueuse gastro-intesti-
nale soit le siége d'une excitation légèrement aug-

mentée, il y aura à peine dans le ventre une sensation sourde, obtuse de douleur, et il n'en résultera qu'une irritation muqueuse. Mais, si cette membrane est frappée d'une inflammation avec douleurs plus vives et aiguës, avec tension et sensibilité au toucher et à la compression, il y aura *dyssenterie avec pyrexie,* ou *phlegmasie muqueuse.* C'est à la réaction générale que présente la pyrexie dans les surexcitations morbides de nos organes, que l'on doit attribuer les altérations ou modifications des humeurs particulières. (*Dictionnaire des Sciences Médicales,* tome XXIII, p. 486.)

Ces différents degrés de lésion fibrillaire ou humorale doivent nécessairement amener et présenter des modifications dans le siége et la nature des maladies. Aussi, comme je me dois renfermer à ne traiter que des épidémies catarrhales, dans lesquelles se trouve comme englobé ce qu'on nomme vulgairement *choléra-morbus,* je ne représenterai ce dernier accident populaire que comme accessoire à ce tableau pathologique qui fatigue dans ce moment les populations. L'on ne doit donc pas se borner à dire, comme je l'ai déjà fait en 1832, que le choléra n'est point une maladie distincte, une maladie *sui generis,* mais comme accident, prodrome, signe ou symptôme variables d'une même indisposition vulgaire, mais grave, et dont les variétés constituent la famille des typhus, lesquelles variétés seront chacune désignées par autant de dénominations, provenant soit des symptômes propres à chaque espèce, ou des parties spécialement affectées.

§ III.

MOBILITÉ DES SYMPTOMES DES MALADIES RÉGNANTES.

Il est des maladies régnantes tellement mobiles que leurs symptômes se changent successivement, sans cependant changer de nature ; elles demandent conséquemment à toujours être traitées par les mêmes moyens employés dans la première cause de la cause catarrhale.

A Moscou, il règne pendant l'automne beaucoup de rhumatismes, de fluxions de tout genre, des gouttes, etc. Les maladies des enfants s'y montrent de nature catharrale, et elles s'accompagnent de toux, de convulsions, etc., que les expectorants et les huileux seuls ne peuvent combattre. Si les maladies de cette contrée étaient vraiment et uniquement inflammatoires, les antiphlogistiques y réussiraient ; mais les pleurésies y sont fausses et séreuses ; elles ne supportent pas

la saignée, mais plutôt les vésicatoires. Les fièvres
y sont généralement moins inflammatoires que
humorales et rhumatiques; elles cèdent volontiers
aux évacuations bilieuses. Et si alors même, des
fièvres catarrhales, rémittentes et intermittentes,
règnent moins en Russie que dans notre Europe,
c'est que, dans l'automne tempéré, les fièvres intermittentes ou rhumatiques s'y montrent rarement.
Cela tient à ce que, dans la mi-novembre, l'humidité, cesse ainsi que les pluies, que le temps devient
sec et serein, que la neige tombe et que la gelée
commence. Ces circonstances s'opposent au développement de la constitution catarrhale, malgré
que le Moscovite ait la fibre faible et dure, et
contracte une idiosyncrasie catarrhale que favorise
l'abus des liqueurs qu'il fait, et en se nourrissant
d'aliments grossiers ou trop abondants, ce qui les
expose à des maladies gastriques et hépatiques.
(Macquart, *Essai de Minéralogie,* p. 496 et 504.)

§ IV.

TRANSMUTATION DES MALADIES.

Dans la peste de Cromstadt (Transylvanie), qui
éclata de juillet 1718 jusqu'en décembre 1719,
les symptômes morbides varièrent de forme et de
siége. Venus d'abord la nuit, ils consistèrent dans

une soif inextinguible, dans une anorexie ; chez les enfants et les vieillards, il s'y joignit des mouvements convulsifs, épileptiformes ; dans d'autres sujets, il y eut somnolence continuelle, mauvais signe surtout quand il s'y joignait des pétéchies noires. Le délire toutefois fut moins mortel lorsqu'il allait en *augmentant*. Les pétéchies noires, funestes du 3ᵉ au 7ᵉ jour, étaient suivies de la mort chez ceux qui avaient des douleurs vives de tête. Quelquefois les pertes de sang par le nez, l'estomac, les crachats, les intestins, confirmèrent la terminaison mortelle, quand la chaleur était plus grande. Le stade de diminution du danger avait lieu quand l'épidémie atteignait le 4ᵉ ou 7ᵉ jour, époque où se développèrent les bubons, dont la suppression subite cependant présageait la mort. Après le mois d'août 1819, où la peste diminuait, on vit survenir des fièvres *intermittentes*, principalement des *quartes* et des *quotidiennes* également épidémiques.

§ V.

CHANGEMENT DU CHOLÉRA EN D'AUTRES MALADIES.

L'agent qui est sensé avoir produit ce que le vulgaire appelle *choléra*, peut cesser et cesse souvent de se revêtir des symptômes de ce dernier

pour se manifester sous d'autres apparences. A
peine le choléra a-t-il disparu des frontières de
la Pologne, en décembre 1848, qu'on l'a vu se
remplacer par une maladie asiatique qui a régné
sous le nom de *trumy*, et surtout à Varsovie. Elle
commence par des boutons blancs sur le corps;
elle est plus terrible que le choléra. (*La Réforme*,
n° du 25 décembre 1848.)

La succession du choléra ou son remplacement
par des maladies différentes, non par leur cause,
mais seulement par le *facies*, doit d'autant
moins étonner, qu'on a vu, dans une même
saison, arrivant ou successivement, ou alternativement, ou simultanément, l'érysipèle, l'asthme,
le catarrhe suffocant, le rhumatisme, l'aliénation
mentale, etc., etc. (*Journal de médecine et chirurgie*, t. III, p. 123.) Cette transmutation de la part
du choléra a été également observée parmi les
volatiles et les animaux domestiques qui en ont
éprouvé les atteintes en 1832. Dans le moment où
je parle, nos journaux commencent déjà à men-
tionner que ce que l'on a vulgairement nommé
jusqu'à présent choléra, est remplacé, dans les
lieux où l'on dit qu'il diminue ou disparaît,
par la suette et la miliaire. A quoi attribuer cette
transmutation, cette conversion, cette succession?

Caveant medici! La *suette* en question ci-dessus ne fait pas seulement des ravages dans l'arrondissement de Condom, l'épidémie commence à s'étendre dans les environnants et surtout à Mauvesin. (*Censeur de Lyon*, 17 juin 1849.) Enfin, le choléra peut se modifier par la saison où le scorbut survient volontiers, au printemps, et alors on lui donne le nom de choléra *scorbutique*.

§ VI.

YRRADIATION CHOLÉRICO-GASTRIQUE.

L'irradiation cholérico-gastrique se manifeste le plus souvent du ventre et des premières voies aux parties supérieures du corps; quand il y a force et sthénie; mais dans une circonstance opposée, cette irradiation gastrico-cholérique ne produirait-elle pas des symptômes plus fâcheux quand elle a lieu de haut en bas du corps? L'existence de l'une ou de l'autre irradiation gastrico-cholérique doit indiquer plus ou moins l'emploi des évacuations, au sujet desquelles on a remarqué que, par exemple, les vomitifs naturels ou artificiels ne sont pas contre-indiqués, quand il s'agit des congestions humorales et inflammatoires dans les parties supérieures, mais en ayant soin de les faire précéder des saignées; ce traitement complexe est ordinairement dans les fièvres rémittentes malignes, thoraciques ou gastriques, pourvu toutefois encore que l'on n'ait pas affaire à des personnes qui aient été antérieurement fatiguées par des maux de tête. (Plenciz, *Acta et observata*, p. 21 et 51.)

§ VII.

DÉSORGANISATION OU DÉCOMPOSITION DU CHOLÉRIQUE.

La rapidité de l'extinction de la vie, ou de la décomposition subséquente d'un cholérique, est d'autant plus grande que l'énergie et la résistance, diminuant dans les tissus, ne s'opposent presque plus à l'action toxique des humeurs ou des solides qui se désorganisent.

Aussi, dès que l'on s'aperçoit que la nature fait espérer la moindre réaction salutaire, faut-il s'empresser de venir à son secours, pour enrayer d'avantage l'action dissolvante des sucs gastriques, laquelle, en effet, ne *s'exerce pas sur la fibre vivante,* qui, dans cet état des choses, se montre au contraire sensible à la vertu des anti-spasmodiques et des anti-septiques, ainsi que d'une alimentation convenable. (Gardiner, p. 28.)

La lenteur de la putréfaction du cadavre d'un cholérique tient à la quantité d'évacuations hu-

morales (par le haut et le bas), et à la diminution
prompte et complète de la chaleur du corps mou-
rant ou mort.

L'intensité de ces deux circonstances, dont la
réunion favorise la décomposition des parties, est
encore renforcée par l'*expression nerveuse*, qui se
manifeste alors des efforts que l'on fait pour vomir
et pour aller du ventre, ainsi que des douleurs plus
ou moins vives que les malades éprouvent dans
leurs derniers moments.

§ VIII.

VARIATION DES SYMPTOMES CHOLÉRIQUES, ETC.

Le choléra varie suivant les lieux, les saisons et
les années, ainsi que suivant la dominance d'action de la cause maladive.

On ne sera point étonné que le choléra, par
exemple, de Constantinople diffère de celui de
Paris, etc.; et l'on devra s'attendre que l'un et l'autre choléras varieront encore selon que leurs symptômes résulteront de la lésion plus ou moins
tranchante des systèmes, ou abdominal, ou pulmonaire, ou cutané, ou cérébral, ou nerveux,
ainsi que du régime précédemment observé.

Bien que varié dans ses manifestations morbides, et pouvant revêtir presque autant de formes

qu'il y a de symptômes divers de la lésion des
différents points de l'organisme, le choléra, qui ne
mérite pas toujours cette dénomination vulgaire ,
est cependant une maladie dont la cause est toujours
une (1). Cette assertion est la base de l'ouvrage
de M. Gouraud père sur la fièvre intermittente,
pernicieuse, commune dans le département de
Vaucluse, imprimé à Avignon en 1843.

D'après les nombreux ouvrages qui depuis
trente ans ont été produits sur le *choléra-morbus*,
il serait difficile de donner utilement un nouveau
traité *ex-professo* sur ce typhus; et, en conséquence, je crois devoir me borner à présenter
quelques détails partiels, des réflexions et annota-
tions que m'ont fournies, soit ma propre expé-
rience, soit celle des autres médecins, en deman-
dant toutefois encore l'indulgence du lecteur pour
certaines répétitions que je me permettrai à
l'égard des diverses maladies pestilentielles, cholériques, épidémiques ou contagieuses, toutes les

(1) *Facies non omnibus una, non diversa tamem ,*
   Qualem decet esse sororem.   (OVIDE.)

fois qu'il m'arrivera de m'occuper plus spécialement et passagèrement de l'une ou de l'autre de
ces maladies typhoïdes, ainsi que de quelques
passages politico-hygiéniques.

—

ANNOTATIONS ET RÉFLEXIONS

RELATIVES AU CHOLÉRA - MORBUS ET A D'AUTRES MALADIES ANALOGUES.

§ IX.

EPIDÉMIES.

Les épidémies et les endémies existent le plus
souvent par elles-mêmes et avec des caractères
constants, univoques, spéciaux, et sans se compliquer nécessairement du choléra; mais ce dernier, quand il survient, n'a qu'une existence
secondaire, symptomatique, c'est-à-dire, que son
développement et sa forme sont déterminés ou
fortement modifiés par l'action pré-existante de
l'épidémie ou de l'endémie, sur laquelle il s'ente
en quelque manière. (V. § XXVI.)

Une observation importante à faire, c'est que
les différentes affections morbides n'empêcheront
pas toujours l'apparition ou le développement

subséquent de leur impression du côté du système abdominal, de manière à présenter, au moment même que l'on pouvait espérer une convalescence des premières affections catarrhales, une nouvelle complication, ou plutôt une dégénérescence de celles-ci, laquelle permettrait l'apparition d'une série de véritables accidents dits *cholériques*. N'a-t-on pas vu, en effet, dans divers hôpitaux de Paris, des malades ayant une fièvre intermittente ou un catarrhe pulmonaire, ou une irritation abdominale, être pris subitement, et sous l'influence d'une grande chaleur atmosphérique et humide, par des symptômes du choléra? (Miquel, *Bulletin général de thérapeutique*, t. 3, p. 32.) De tels événements fâcheux peuvent également arriver à des sujets déjà en proie à des phlegmasies séreuses abdominales; car un accident bien caractérisé a eu lieu le 23 juillet 1832, à l'Hôtel-Dieu de Lyon, chez une femme qui avait une péritonite, dont l'estomac était d'un rouge brun, et dont le foie présentait un abcès bilieux dans le point de contiguité de ce viscère avec le diaphragme, etc.

L'épidémie *muqueuse* de Wagler est passée à l'état de *lymphatique crue*, et quelquefois à une affection *locale* inflammatoire, mais seulement apparente. La variété de cette fièvre muqueuse, qui répond le plus à la *diathèse acescente* ou *visqueuse*, est la première espèce de cette fièvre muqueuse de Wagler, laquelle est *chronique* et sans fièvre notable ; les fièvres muqueuses sont plus générales que les bilieuses, dont la source la plus fréquente est le foie, l'organe cutané, et le tube intestinal où quelquefois elle occupe un point circonscrit.

§ X.

CHOLÉRA-MORBUS.

On a cru que le choléra-morbus, appelé en français *cholerrhagie*, était une inflammation bien complète, mais entée sur des parties gastriques, déjà primitivement douloureuses; c'est d'après cette idée que l'on peut expliquer pourquoi, dans les cas d'une phlegmasie déterminée, la méthode curative *stimulante* n'a pas souvent réussi, tandis qu'il en était tout autrement quand le choléra ne consistait qu'en une *seule* et *simple* excitation particulière à ces organes.

Les divers rapports des différents médecins qui ont observé le choléra prouvent que ce fléau n'a pas constamment les mêmes symptômes, que ces symptômes ont varié suivant les saisons, la nourriture, le moral, et suivant la localité. L'ouverture des cadavres n'a pas eu des résultats plus constants ; car tantôt l'estomac et les intestins ont été phlogosés et altérés ; tantôt ils ont paru intacts, et tantôt le cerveau a offert seul quelque marque de lésion.

§ XI.

CAUSES DU CHOLÉRA.

La constitution froide et humide porte son impression sur la poitrine et le bas-ventre, et elle appelle spécialement les fièvres rémittentes et catarrhales, qui sont plus ou moins promptement funestes aux flegmatiques, et notamment aux femmes enceintes ou nouvellement accouchées. Le froid et l'humidité, seulement aux parties inférieures, favorisent tellement l'invasion du choléra, que les femmes de la Pologne, qui en furent plus spécialement atteintes que les hommes, parce qu'elles étaient dans l'usage de marcher pieds nus, en ont été moins fréquemment frappées dès qu'elles ont songé à porter des souliers et dès qu'elles se sont vêtues plus chaudement.

La transition de l'air chaud et renfermé des appartements à celui du dehors augmente la susceptibilité à l'impression du froid et à l'humidité de l'atmosphère ; ces inconvénients sont encore augmentés par le voisinage et par les émanations des tas de fumiers, ainsi que par l'action de l'air de la nuit.

C'est dans le dernier mois de 1848, qu'une mauvaise alimentation a été la cause la plus sensible et la plus prédisposante au développement du choléra qui a régné dans le département du Pas-de-Calais.

C'est pendant la nuit que se prépare la première atteinte du choléra, c'est surtout pendant la nuit que la fièvre marécageuse surprend les marins débarqués, et qui alors sont principalement exposés aux mauvais effets du froid et de l'humidité, quand ils ont subi dans le jour une grande chaleur. C'est d'après cette influence qu'on a observé que les concerts nocturnes émouvent plus la fibre, et nous rendent plus susceptibles à l'intussusception des miasmes.

C'est à l'engorgement humide de la membrane muqueuse intestinale que quelques uns attribuent la paralysie de la peau dans le choléra, où le refroidissement cutané vient de ce qu'elle cesse de décomposer l'oxigène de l'air atmosphérique. (Sophianopolo, *Relation des épidémies de choléra*, p. 120.)

J'attribuerais plutôt cette anasthésie de la peau à l'engorgement intestinal, à l'altération du sang privé d'oxigène, d'où proviennent l'inertie du poumon et du cœur.

§ XII.

CAUSES FAVORABLES OU OPPOSÉES AU CHOLÉRA.

La population de Leith et de Newhaven, dont le moral n'a pas souffert, n'a point eu le choléra. (*La Presse*, 22 novembre 1848.) Toutefois la tranquillité d'esprit n'est pas seule opposée à la communication d'une épidémie, etc., car on a vu des individus fortement et constamment préoccupés d'une affaire saisissante, s'exposer impunément avec les malades épidémiques ou contagiés. C'est ainsi que deux étudiants de Berlin ont pratiqué (en novembre 1831) un singulier genre de duel ; voulant rendre les chances du danger égales, ils convinrent d'embrasser à diverses reprises un homme attaqué du choléra-morbus. Aucun d'eux n'ayant ressenti dans les vingt-quatre heures aucun effet de cette expérimentation dangereuse, les témoins déclarèrent l'affaire terminée. (*Le Père de famille*, 1re année, p. 240.) N'ayons cependant pas une confiance exclusive dans un tel moyen, car si une préoccupation soutenue au sujet d'affaires sérieuses ou d'événements politiques, peut retarder où empêcher la susception du choléra ou d'autres maladies contagieuses, cela ne dure que pendant le temps de l'effervescence ; c'est après la cessation de ces perturbations partielles ou générales, que nos corps se voient soumis à l'influence fâcheuse de quelques dérangements terrestres et atmosphériques.

L'on peut dire qu'en général l'invasion du choléra sera plus facile, et la mortalité proportionnellement plus grande chez les riches qui tremblent volontiers, et qui craignent les privations, que chez les gens du peuple qui souffrent presque constamment, et qui regardent la mort plutôt comme la fin de leurs misères.

§ XIII.

CAUSES DES VARIÉTÉS DU CHOLÉRA.

L'âge et le sexe des cholériques ont offert quelque différence suivant le pays. Si les enfants ont comme été épargnés en Europe, ils en ont été frappés spécialement à Philadelphie, où, dans une semaine, sur 116 individus, il y avait 85 sujets en bas âge. (*Le Père de Famille,* première année, p. 148 et 176.) Cette différence a-t-elle tenu à la variété des moyens employés pour le traitement ?

Depuis son invasion en Angleterre, en 1832,

jusqu'en février, sur 4,995 attaques, 1,467 ont succombé. (*Id.*, p. 478.)

Le choléra a été si intense, en 1832, à Vienne, à Berlin, à Sunderland, qu'on l'y regardait comme le véritable choléra asiatique porté en Europe, et dont il paraissait présenter les accidents les plus sérieux.

Le choléra est rare dans les lieux élevés à plus de mille pieds au-dessus de la mer, ainsi que dans les terrains primitifs, tandis qu'il sévit plus dans les terrains de transition, dans les tertiaires et dans ceux d'alluvion. (*Institut national*, 30 juillet 1832 ; *Gazette médicale*, 4 août, même année.) Sur le choléra de Londres et Paris, en 1832, V. *Bibliothèque universelle de Genève*, tome XLIX, p. 419, 424 et 426.

§ XIV.

CONTINUATION DU PRÉCÉDENT.

Le choléra automnal se décide plus volontiers chez les individus qui ont beaucoup mangé de végétaux, qui présentent un état gastrico-saburral, et qui se sont exposés à l'humidité et à l'air du soir et de la nuit. Dans cette variété de choléra automnal, qui est moins fébrile que le choléra estival, les selles sont plus décidées et plus soulageantes que les vomissements. Ainsi, elle indique mieux les minoratifs, notamment chez les personnes âgées, et qui se trouvent à la fin de l'été.

Dans le choléra automnal, sans fièvre, pour s'être exposé à l'air du soir, le malade a la langue chargée, présente un état gastrique saburrale, a des urines ardentes, et qui cependant changent facilement dès que la saburre intestinale diminue. Cette variété demande volontiers les boissons acidules, le petit-lait de beurre et les minoratifs.

Une vieille fille, qui était naturellement triste, se réveille subitement dans une nuit d'automne, avec lésion dans la vue, avec des douleurs abdominales, qui sont suivies de selles avec soulagement. Ce léger choléra a cédé à la crême de tartre et à un doux purgatif.

CHOLÉRA ESTIVAL.

Dans beaucoup de choléras qui ont lieu dans l'été, et qui exigent les tempérants et les acides, il y a plutôt des vomissements que des déjections alvines, tandis que ces dernières évacuations ont plutôt lieu dans le choléra d'automne, ainsi que dans celui qui apparaît dans les localités où l'alimentation est défectueuse, consistant presque exclusivement dans l'usage du seigle en Europe, ou d'un mauvais riz dans les Indes.

§ XV.

DÉNOMINATIONS DIVERSES DU CHOLÉRA.

LE CHOLÉRA DES INDES, DE LA PERSE, ETC.

Il n'est autre chose que la maladie connue depuis long-temps par les habitants de la Carnatique, sous les noms de *mordexin,* de *nicobea,* de *scheny,* de *woba,* de *viduma-visuchi.* Les Anglais l'appellent encore *choléra-spasmodica,* mais mal-à-propos.

LE WOBA.

Le woba présente trois périodes distinctes : 1° celle de la diarrhée ; 2° celle du frisson, où il y a vomissements et une faiblesse extrême ; 3° celle caractérisée par l'apoplexie ou l'asphyxie.

Le docteur Hood, appelé de bonne heure, prescrivait une once de bonne eau-de-vie avec de la limonade minérale, puis il faisait prendre un bain de vapeur alcoolique, que l'on pouvait renouveler, mais en prenant la précaution d'éviter l'ivresse. Plus tard, il tentait la saignée copieuse, l'eau froide en boisson, et les sinapismes. (*Encyclopédie méthod., Dictionnaire de médecine,* t. XIII, p. 549.)

Dans le choléra de la Perse, en octobre, les matières blanches et muqueuses, vomies, etc., avaient une odeur acide *sui generis. (Journal de médecine et de chirurgie pratique,* tome II, p. 205.)

On a remarqué que dans ce choléra on n'avait pas eu à constater, chez les individus, de prédisposition précédente.

Le frisson général et les symptômes épigastriques y étaient plus brusques et plus intenses, et la cyanose y a surtout souvent été observée.

CHOLÉRA INDIEN.

Il ne faut pas s'étonner si dans les Indes le choléra, qui est le principal symptôme de l'affection catarrhale de ces contrées, y est plus intense et plus caractéristique que celui du choléra de notre Europe. Cette différence d'acuité tient probablement à ce que dans les climats chauds, c'est toujours l'organe cutané qui donne le plus issue aux résidus nutritifs et digestifs, et qui ne peut être troublé dans la perspiration cutanée, sans que cette perturbation ne soit suivie d'un bouleversement, lequel est plus grand dans les pays froids, où ces mêmes résidus nutritifs sortent en plus grande partie par les émonctoires intérieurs. (Bichat, *Anatomie générale,* tome IV, p. 699.)

Sur le choléra, dit *asiatique, indien, oriental,* lequel est *spasmodique, épidémique, contagieux et non contagieux,* voyez *Bibliothèque universelle de*

Genève (sciences), tome XLVII, p. 590, 597, 415, 425 ; tome XLVIII, p. 74, 185, 207, 425 ; tome LIV, p. 217.

§ XVI.

DIAGNOSTIC ET PRONOSTIC.

Lorsqu'une maladie, quelqu'en soit le nom, se manifeste inopinément, et qu'elle disparaît sans laisser des marques de sa présence, c'est le signe le plus certain d'une *maladie périodique, sans fièvre ;* mais souvent ce signe peut ne point suffire pour faire prévoir le danger, et pour engager à des précautions qu'un médecin, éclairé et prévoyant, doit prendre pour prévenir et enrayer un deuxième ou troisième accès, et même une récidive quelquefois mortelle. Ainsi, une première attaque d'apoplexie, par exemple, devra exciter des craintes pour l'avenir et demander un traitement préventif ; cette conduite prudente est à tenir surtout dans un temps d'épidémie. (Médicus, *Maladies périodiques sans fièvre,* p. 249 et 251.) Et à mon avis, il est probable qu'on aurait au moins pu éloigner la mort du maréchal Bugeaud et de quelques autres cholériques, si, au premier accès ou à la première invasion du typhus, on eût donné promptement le spécifique, l'écorce du

Pérou, seul ou combiné avec l'opium ou quelque autre sédatif et congénère. J'avoue que souvent je n'ai pas cessé d'avoir des appréhensions réelles, quand la lecture des journaux me donnait un peu d'espoir, au sujet de quelques malades dont on annonçait une seule *indisposition*.

La grandeur de l'intervalle entre les deuxième et troisième accès ne doit pas s'opposer à cette urgente précaution. C'est ici le cas d'avertir que les attaques foudroyantes et que les morts subites, *par l'exaltation des phlegmasies latentes des intestins,* sont plus fréquentes qu'on ne le pense, et que quelques uns ont été croire que le choléra le plus fâcheux était *enté* sur une irritation antécédente, fixe et simple, mais profonde.

Les évacuations fortes et subites n'étant pas le résultat d'un travail modéré et progressif de la nature, et surtout ayant lieu dans le commencement des maladies, sont loin d'être l'effet d'une coction utile, et elles ne produisent plutôt qu'une exolution des forces, qui ne peut qu'être nuisible et faire craindre une terminaison funeste ou au moins une tendance aux rechutes. Ces phénomènes secondaires, variant en intensité et en rapidité, constituent la différence la plus vulgairement admise entre la cholérine et le choléra.

§ XVII.

SYMPTÔMES NERVEUX DU CHOLÉRA, SIMPLE OU COMPLIQUÉ.

Le choléra des anciens présentait moins d'accidents convulsifs, moins de crampes, moins de douleurs atroces, et encore moins de cyanoses.

Les spasmes, l'état convulsif des muscles *fasciculaires,* ou à mouvements volontaires, qui supposent presque toujours un état morbide de l'encéphale ou de la moëlle épinière, n'indiquent pas toujours les opiacés. Relativement à ces médicaments, il ne faut pas oublier que l'irritation nerveuse peut elle-même s'opposer à leur action utile, ainsi que cela arrive dans l'hydrophobie et dans le tétanos. Cette observation est d'autant plus importante, que, si l'on a vu dans certains cas la fièvre résister à l'extrait thébaïque donné à grandes doses (par exemple, de deux ou trois grains à la fois), ce remède administré à cette même dose, mais *dans un état évident d'apirexie,* agirait comme poison, tandis que si la maladie qui indique l'opium est *purement spasmodique,* et si elle existe comme affection essentielle, cet extrait peut seul en triompher. (Encyclopédie méthodique, *Dictionnaire de Médecine,* tome XI, p. 158.)

Ajoutons de plus que les convulsions, ordinairement moins fréquentes chez les cholériques de constitution éminemment nerveuse, ont également été plus rares chez les Arabes atteints du choléra dit *nerveux*. Quant aux crampes des membres, il n'est pas étonnant que les lacis nerveux du bas-ventre, tiraillés par les contorsions violentes, à l'occasion des coliques de l'estomac, soient agités par des contractions irrégulières et involontaires des cuisses et des jambes. (Vieussens, *Observations, etc.*, p. 355.)

Cependant, le hoquet qui est également le résultat du spasme de l'estomac trop excité ou trop comprimé, ou même affaissé (état auquel participe le diaphragme du cholérique), n'a pas constamment lieu dans ce typhus (*Id.*, p. 354), qui parfois présente le hoquet parmi ses symptômes, quand il existe par cause catarrhale. (Gardiner, p. 75 et 77.)

Il peut arriver dans le choléra nerveux ce qui est advenu dans la colique épidémique de Dewonshire, en 1724, laquelle, sous ce rapport, peut offrir quelque rapport avec le premier. Dans l'une et l'autre maladie, les symptômes nerveux peuvent se succéder et se remplacer d'une manière manifeste. Ainsi, ce que l'on dira de l'une sera applicable à l'autre. Dans la colique de Dewons-

hire, les urines, qui dans le principe étaient rougeâ-
tres, lixivielles ou mucoso-verdâtres, devinrent
plus limpides quand, le vomissement diminuant, les
symptômes parurent *plus hypogastriques*, et qu'a-
lors ils annoncèrent une tendance à la manifesta-
tion du délire, des convulsions et des paralysies
des mains, avec ou sans souffrances articulaires.
Ces douleurs des jointures, quand elles eurent
lieu, furent diminuées par une sueur abondante
et fétide, et, finalement, le mieux-être s'annonça
dès que le ventre vint à s'ouvrir, ou qu'il survint
des pustules cutanées, rouges, et avec démangeaisons. Quelquefois il arriva que les douleurs rhu-
matismales, les coliques, l'ictère et les paralysies
des membres se succédèrent les uns aux autres,
et cela assez long-temps. La liberté du ventre était
une circonstance contraire à l'invasion ou à la
gravité de la maladie, qui a singulièrement frappé
le peuple, mal nourri, mal logé et généralement
mal tenu. Cette colique, que le vent du nord aug-
mentait, et que Huxham attribue à l'excès du
cidre en boisson, était assez analogue à celles des
Romains, mentionnée dans Paul d'Egine. (*Lib.* 3,
caput. 43.) — Le mal de tête, produit par un état de
saburre alcaline, se combat en buvant une limonade faite avec trois ou quatre morceaux d'acide

nitrique, cristallisé, dans suffisante quantité d'eau.
(*Le Propagateur des Connaissances utiles*, 3ᵉ année,
juillet 1835, p. 201.)

§ XVIII.

VARIÉTÉS DU CHOLÉRA.

Le choléra *épidémique* ou *catastatique*, celui
qui règne sous l'influence d'une constitution déterminée de l'atmosphère, celui qui se déclare sous
forme de maladie populaire ou de petite épidémie,
ne va jamais plus loin que l'influence de cette
constitution médicale partielle à laquelle il se
trouve lié.

Le choléra *endémique*, spécial, inhérent à certaines localités, ne dépasse point les bornes que
lui assignent les causes locales dont il est l'effet.

Le choléra *symptomatique* est celui qui est lié à
des conditions de maladies aigües, graves. Dans les
contrées méridionales, par exemple, on le trouve
souvent joint aux fièvres bilieuses fortes, aux
fièvres typhoïdes intenses ; ainsi, on l'a vu compliquer un cas de fièvre jaune, ou des fièvres
rémittentes ataxiques dont il est le symptôme
dominant, le symptôme pernicieux.

Le choléra *sporadique* ne doit pas être confondu
avec l'*endémique ;* le premier est isolé, passager,

particulier à une ou à quelques personnes seulement, tenant surtout à l'idiosyncrasie à peu près
la même de ces personnes ; et le second est inhérent à la contrée dont elle atteint un grand nombre d'habitants à certaines époques ou saisons.
La confusion de l'un et l'autre choléra est peut-
être à reprocher au rapport ordonné par la Société
de médecine de Lyon. (P. 6.) Les fébricitants con-
valescents qu'on a laissés confondus au milieu des
autres malades, n'ont eu qu'une bien lente guéri-
son. (*Journal des progrès des Sciences médicales*,
t. XIII. p. 187.)

Dans ce qu'on appelle en général *choléra*, il y a
1° affaiblissement de la grande fonction de l'*innervation*, c'est-à-dire, de l'influence vivifiante du
système nerveux sur le système digestif ; et 2°
effets prononcés de cette altération de l'innervation sur les membranes muqueuses qui n'en sont
qu'imparfaitement soutenues, vivifiées, animées,
etc. Ces deux circonstances, ou ces deux ordres de
phénomènes, savoir : l'innervation affaiblie, et
cette faiblesse de l'innervation, portées spécialement sur le système muqueux, constituent en
réalité le germe, et comme l'abrégé de la maladie
tout entière. (Rapport de M. Double sur le choléra,
dans la *Revue encyclopédique*, t. LI. p. 488.) Ainsi,

les muqueuses gastro-intestinales n'étant plus animées ni vivifiées par l'influence du système nerveux, se trouvent alors frappées d'atonie, et n'ont par suite plus d'action réglée.

§ XIX.

CHOLÉRA ET TYPHUS INFLUENCÉS PAR LE CLIMAT, ETC.

Le climat influe tellement sur les symptômes d'une maladie populaire, que la peste d'Orient, par exemple, marque ses effets sur le système lymphatique, et la fièvre jaune sur les organes gastro-hépatiques, tandis qu'il est d'autres typhus (notamment le cholérique) qui exercent leur impression sur la membrane muqueuse gastrique et sur la peau. (Audouard, *Contagion des fièvres intermittentes*, p. 69.)Ce dernier typhus, connu dans quelques pays sous les noms d'*Ileus* des Indes, de *Passio felliflua*, de *Morbus oryzæus*, ne pourrait-il pas devoir être attribué à l'abus habituel que l'on fait aujourd'hui du tabac à fumer, du café, des liqueurs spiritueuses, aux erreurs trop fréquentes dans le régime et aux émotions morales, politiques, qui nous ébranlent journellement depuis quelques années? (V. Balme, *Fièvres pestilentielles et contagieuses*, § XIV, p. 22.)

Au printemps, le choléra, comme affection catarrhale, s'exprime sur la poitrine, et sur la fin de l'été, et au commencement de l'automne, sur le ventre. Le choléra, dont les symptômes sont nerveux et céphaliques ou cutanés, est plus dangereux que celui dont les symptômes tiennent à une lésion des organes gastriques ou vasculaires. — Sur huit femmes enceintes, sept ont succombé. Les ivrognes et les aliénés, traités dans les hôpitaux, en ont été victimes en grand nombre, ou bien ils n'en ont présenté que des convalescences pénibles ou des rechûtes fort graves.

§ XX.

LOCALITÉS, PARTIES DU CORPS, ET AUTRES CIRCONSTANCES FAVORABLES AU CHOLÉRA.

Le choléra se montre à Sablé, département de la Sarthe, en octobre 1854, tandis qu'une dysenterie cruelle fait des ravages dans le canton de Vallet, dans la Loire-Inférieure. L'on saura que Sablé est plus dans l'intérieur des terres que Vallet qui est plus près de la mer, et qui en même temps était ravagée par la dysenterie. (Le journal *la Guienne*, 27 octobre 1834.

On écrit d'Oran, le 15 octobre 1854, que le choléra continue à sévir, et que déjà un dixième de la population de Mers-el-Kébir a succombé. Le

fléau, apparu dès le 12, compte pour victimes dix-
sept individus de tout rang ; parmi eux se trouvent
deux officiers de la légion étrangère et un adjudant
des hôpitaux. (Le journal *le Voleur*, 31 octobre,
1834, p. 584.)

Il a déjà été dit que c'est au milieu d'une com-
motion, d'une calamité publique, qu'a pu éclater
une épidémie cholérique parmi les habitants de
Madrid (en juillet 1824), où les esprits étaient animés, depuis plus ou moins de temps, de l'esprit
révolutionnaire, égarés par des excès dans les boissons et par des inquiétudes cuisantes, de manière
qu'ils se trouvaient ainsi au milieu de circonstances
dont l'analogie et l'identité mettaient la population
à même de recevoir l'impression d'un agent épidémique, ou de présenter les cas de contagionna-
bilité d'une maladie générale et grave.

§ XXI.

RÉPÉTITION QUI PEUT ÊTRE UTILE.

Le choléra, disais-je en 1832, n'est pas une
maladie spéciale, essentielle, une maladie *sui
generis*, ce n'est qu'un symptôme particulier,
dominant, isolé, mais non constant d'une maladie très grave, d'une espèce de typhus, dont la
nature est catarrhale ordinairement, et dont le

facies ou la forme momentanée ne tient qu'à l'organe, à l'appareil principalement compromis. Cette singulière assertion, qui a été essayée par nos anciens, n'est nullement infirmée par celle de M. le docteur Trousseau, qui croit que le choléra d'aujourd'hui est inférieur à celui de 1832. Sa légère erreur tient à ce qu'il sépare les atteintes d'éruptions cutanées et de dysenteries régnantes dans le moment, lesquelles, suivant moi, ne seraient qu'une nuance et une forme instantanée du choléra, dont la cause serait commune, et dont ainsi le traitement devrait être très analogue. Ainsi, toutes ces affections morbides, distinctes seulement par quelques légères apparences, symptomatiques et locales, ne doivent point faire croire à un choléra réellement différent, mais bien à une transformation d'indisposition, dont le développement doit conséquemment continuer d'être le sujet de la surveillance générale. *(Caveant medici! Caveant consules!)*

Sur la communication du choléra par les personnes qui l'avaient, — sur sa propagation par les émanations provenant d'objets débarqués, et sur son développement et intussusseption chez les individus exposés, d'après leur disposition à le prendre, voyez *Bibl. univers. de Genève*, §. XLIX,

p. 209 ; consultez *Ballonii opera*, t. I ; *consult.* 55, *fol.* 295 ; *consult.* 57, *fol.* 300 ; — *Foresti oper.*, *lib.* 18 ; *observ.* 43, p. 189 ; *observ.* 46, p. 93 ; *observ.* 48, p. 196 ; *observ.* 47, p. 194 ; *observ.* 49 et 50, p. 197 ; — *Amati Lusitani*, *cent.* 5, *cura* 28 ; *Cholera cum dispositione phlegmosâ et intumescentiâ intestinorum ;* — *Horstii, liber IV ; observ.* 6, *fol.* 201 ; *de cholerâ cum recidivâ lethali ;* — *Jacobi Hollerii Stampani, de morbis internis, in 4°, Parisiis, 1611, lib. I, caput 31, fol.* 296 et 303 ; — *Darwin*, vol. I, II, III, XV, 13.

§ XXII.

ANALOGIE DU TYPHUS ET DU CHOLÉRA.

Les pestiférés de Cromstadt en Transylvanie, dans les années 1718 et 1719, depuis juillet 1718 jusqu'en décembre 1719, éprouvaient, dès l'instant de l'apparition de la contagion, et d'une manière vague et confuse, un frisson plus ou moins violent, auquel succédaient immmédiatement par tout le corps une chaleur extraordinaire, le plus souvent avec des vomissements considérables de suc gastrique, ou de simples nausées, avec des crampes d'estomac, beaucoup d'angoisses et de faiblesses, mais *sans selles ;* ces symptômes étaient quelquefois remplacés par une prostration profonde des forces et par des évanouissements, ou des chaleurs ardentes à la tête, ou des souffrances aux aines et aux aisselles, ou des douleurs inexprimables aux reins et aux membres, etc.

Le typhus et le choléra, ainsi que les autres fièvres malignes, ont été désignés sous de semblables dénominations, qui appartiennent comme indistinctement aux uns et aux autres, d'après les symptômes et accidents principaux les plus saillants; c'est ainsi que l'on dit: de typhus (*sopor*), d'*asode* (fièvre avec anxiété, nausée ou vomissement), d'*alismode* (fièvre avec angoisses, anxiété continuelle du corps, babil, etc.), d'*hélode* (fièvre avec sueur, surtout aux parties d'en haut), de *pemphygoïde* (avec aphtes au gosier, etc.), d'*épiale* (fièvre douce et légère), de *Leipyrie* (fièvre douce mais intermittente). Brendel, *opusculum* III, *dissertatio* XVII, p. 71. C'est sous la dénomination de *choléra typhoïde*, que le docteur Jules Perrier a désigné le choléra qui a régné en 1848-1849, dans l'hôpital de Calais; selon moi, il aurait été un typhus dont le principal symptôme, le choléra-morbus vulgaire, aurait été d'un pronostic moins grave que celui qui a sévi chez nous, en 1852, ainsi que celui de la fièvre qu'on a eu lieu d'observer dans les endroits voisins d'eaux stagnantes ou de fumiers corrompus.

(Gauthier de Claubry, dans l'*Abeille médicale*, t. VI, p. 21.) Sur l'épidémie et la contagion du typhus, voyez *Journal de médecine* de Leroux, t. XXXIII, p. 375.

§ XXIII.

INTERMITTENCE, PÉRIODICITÉ.

Les nerfs et leurs dépendances immédiates sont, de toutes les parties vivantes, les seules soumises à l'intermittence, à la périodicité; eux seuls, mais tous, ont besoin de repos et de sommeil; ils n'ont de vie active que pendant les deux tiers de l'existence des autres organes. Dans un corps qui a vécu 60 ans, les nerfs n'ont vraiment agi que 40 ans, étant les seuls qui se laissent influencer par l'habitude; ce qui les affecte aujourd'hui, les trouvera moins sensibles demain. (*Dictionnaire de la conversation*, t. XL, p. 67.) Tous les animaux ont, le matin et à jeun, les sens plus délicats et plus libres que le soir et après leurs repas. (*Id.* XLV, p. 189.)

§ XXIV.

INTERMITTENCE.

L'intermittence ou la périodicité de certains états maladifs, est attribuée par le docteur Bailly à la grande modification que la circulation éprouve

chez l'homme deux fois en vingt-quatre heures,
et où en effet les trois principaux organes (le
cœur, les intestins et le cerveau) sont tous placés
sur une *ligne verticale pendant le jour*, tandis qu'ils
se placent sur une *ligne horizontale pendant la nuit.*

Dans la plupart des animaux, ces trois mêmes organes ne changent nullement leurs rapports, vu
que la nuit et le jour ils sont toujours sur la même
ligne horizontale. Aussi quelques uns n'admettent-
ils pas la fièvre intermittente chez tous les mammi-
fère. (*Revue médicale*, t. XIII, p. 520; Monneret,
Compendium. etc., t. V, p. 322.)

La périodicité des fièvres périodiques est attribuée par quelques observateurs à l'intermittence
des causes elles-mêmes, par exemple, aux chan-
gements des saisons, aux alternatives de chaud et
de froid qui sont très fréquentes et brusques dans
les pays chauds, etc., qui occasionnent dans le corps
une alternative continuelle d'action et de réaction
dont il finit par contracter l'habitude. La nuit met
fin à ces phénomènes qui reparaissent le lendemain, et si, pendant cette succession de phénomènes qui modifient l'économie animale, l'action
d'un agent quelconque vient stimuler un organe,
lorsque l'économie est ainsi modifiée, il se décla-
rera une irritation intermittente; et, comme l'esto-

mac est spécialement frappé d'un mode d'intermittence presque naturelle, il doit arriver que
sa lésion est une cause fréquente de fièvres intermittentes.

Audouard, attribue le rythme intermittent à la
congestion du sang dans le foie et la rate, dont la
mollesse et le gonflement sont le résultat de l'altération morbide qu'y détermine le miasme marécageux. (Voyez Monneret, etc., *Compendium*, *etc.*,
t. V, p. 273 , 319 , 327.)

§ XXV.

FIÈVRES MARÉCAGEUSES.

Les fièvres intermittentes marécageuses ne
doivent-elles pas uniquement leur fréquence à la
grande différence qui se fait sentir entre la température du jour et celle de la nuit, dans quelques
localités, par exemple, dans la province de Quito,
pays élevé, sablonneux, privé de verdure, où la
chaleur du jour est forte, tandis que la nuit, sous
un ciel favorable au rayonnement, l'air peut ac-
quérir une température très basse? Dans cet état
de choses, l'habitant accoutumé à respirer l'air
pur des montagnes, n'a qu'à descendre dans la
plaine, surtout après l'époque des pluies ou d'un
grand défrichement, pour tomber malade presqu'à
l'instant même.

Quand la hache ou la coignée abat des bois ver-
doyants ou gâtés d'un pays marécageux, il y a lutte
et même combat à mort entre l'homme et la végétation, et l'air ne devient salubre que lorsqu'après
que la fermentation et la corruption des racines et
des souches d'arbres abattus ont donné naissance
à une nouvelle terre, à ce qu'on appelle *terreau*.
(*Ann. de chimie et de physique*, tome LVII,
p. 150.)

Les fièvres intermittentes des marais, ou affections *limnhémiques*, ou par *intoxication paludéenne*
de Boudin, sont appelées par les Italiens *maladies
à quinquina*.

Sur le choléra et sur les fièvres intermittentes
et rémittentes marécageuses et analogues, voyez
l'ouvrage de John Gardiner, intitulé : *Observations
on the animal œconomy, and on the causes and cure
of diseases*, in-8°, Edinburgh, 1784, p. 408 et
457. — Sur le choléra, voyez *Vicat*, tome 1, p. 64;
Frank, etc., *Praxeos*, etc., tome III, p. 201.

Symptômes du choléra-morbus déterminé par
la présence d'un calcul dans l'uretère ; voyez *Bull.
de la faculté de médecine de Paris*, 15e année, tome
VII, 1820, n° VIII. — Par des champignons
mangés, voyez *Bibliothèque universelle de Genève*
(Sciences), tome XLIX, p. 287.

§ XXVI.

PÉRIODICITÉ, ETC.

La cloison tendino-musculeuse qui sépare les deux cavités du buste serait-elle pour quelque chose dans l'établissement de la périodicité, plus fréquente dans les fièvres gastriques et dans les affections mêmes viscéro-abdominales? Et si on a lieu de remarquer cette même périodicité dans les lésions des parties, autres que celles contenues dans la capacité abdominale, elle n'est peut-être due qu'à l'influence plus ou moins radicale qu'elles reçoivent de la part du système viscéro-abdominal.

Les fièvres d'accès, les fièvres intermittentes, ne seraient-elles pas la plupart composées de deux maladies, une aiguë et une chronique? Leurs retours périodiques ne dépendraient-ils pas de l'ordre des fonctions de certains organes compromis, dont l'excitation anormale, ayant lieu à telle ou telle heure, à tel ou tel jour, se trouverait coïncider avec l'excitation d'un autre ordre d'organes? Ainsi, le frisson d'une fièvre d'accès s'annoncerait avec et sous la concomitance d'un resserrement de l'organe cutané, d'une diminution dans le calibre des vaisseaux de la surface du corps, en un mot, qui signalent leur apparition, tandis que la chaleur qui succède au frissonnement, semblerait faire croire au gonflement et à l'expansion du corps, ainsi qu'à l'accroissement de la masse des humeurs, qui ensuite se sont portées au dehors, après que les parties du dedans en ont été surchargées pendant le resserrement, pendant le frisson, etc.

C'est en combattant cette fièvre intermittente chronique, que réussit le quinquina comme cordial. Cette écorce, en effet, suspend la maladie, mais ne la juge pas toujours complétement, de manière qu'elle n'agit que sur la maladie chronique, intermittente, sans guérir la fièvre ou la maladie aiguë de la fièvre d'accès, laquelle toutefois doit être combattue médiatement et par les prises de quinquina données jusque là. (Bordeu, *médecine pratique*, p. 308 et 313.)

§ XXVII.

INTERMITTENTE DOUBLE.

Obs. — Fièvre intermittente singulière chez un religieux vigoureux. Elle était double, c'est-à-dire composée de deux accès, se remplaçant alternativement d'un jour à l'autre. Le premier eut lieu à la campagne et dans un jour de printemps, et se

porta sur la poitrine, de manière à devenir péripneumonique ; mais la nuit suivante, et après quatre
saignées faites dans le jour, la congestion sanguine se dirigea, mais avec coma, perte de connaissance, apoplexie, et en même temps disparition de la toux, de l'oppression, et même de la
fièvre du précédent accès. Nouvelle saignée copieuse au pied, émétique en lavage. Le lendemain, tête librement dégagée, mais retour de
l'accès péripneumonique, comme le premier jour,
c'est-à-dire de la toux, du crachement de sang et
de la fièvre.

Deux nouvelles saignées dans ce même accès,
ce qui n'empêcha pas qu'il survint un sommeil
profond et apoplectique après la disparition des
symptômes péripneumoniques.

Point d'effets du vomitif réitéré, ni des vésicatoires ni des ventouses ; mort le sixième jour.
Cette congestion sanguine double, se composant
ainsi d'un état pléthorique et d'un état nerveux,
aurait peut-être indiqué le quinquina à haute dose,
surtout après la saignée et le vomitif. (*Maladies
dangereuses à guérir*, par Raymond, p. 516.)

§ XXVIII.

FIÉVRE PÉRIODIQUE SANS FIÉVRE.

Les fièvres *périodiques, sans fièvre,* de Medicus, ne diffèrent des fièvres intermittentes proprement dites que par la distance des accès, par la fixité des intervalles et par la douceur ou l'acuité des accès. Ceux des intermittentes se montrent à des intervalles bien moins longs et plus irréguliers, et plus intenses, tandis que ceux des périodiques sans fièvre sont plus distants les uns des autres, viennent à des époques plus fixes, et offrent des symptômes moins forts. Aussi, les intermittentes bien caractérisées, les fièvres rémittentes, exigent-elles plus promptement le quinquina, et quand elles sont pernicieuses, larvées, il ne faut pas attendre les évacuants usités; il faut prévenir ou adoucir de suite l'accès suivant.

§ XXIX.

ÉPIDÉMIES.

En général, l'air atmosphérique, plus ou moins normal de certaines contrées où surviennent des fièvres épidémiques, contribue heureusement à borner les mauvais effets de la misère, des privations et des habitations malsaines ; mais on n'a pas toujours à espérer un tel résultat.

Quant aux habitations malsaines, souterraines et peu ventilées, il se joint encore un air de mauvaise qualité. Aussi, dans ce dernier cas, les paroxismes fébriles, qui surviennent plutôt le soir ou pendant la nuit, présentent-ils des symptômes alarmants, cérébraux, et surtout soporeux, et se compliquent-ils facilement de dérangements gastriques et de quelques sueurs fétides. Les fièvres qui en procèdent sont de durée mais peu critiques, et les rechutes y sont plus fréquentes. Le quinquina et les vermifuges, en un mot, leur conviennent plutôt que la saignée.

Montplanque (*Epidémie de Mont-Fort,* in-12, 1780, p. 28) rapporte à ce sujet les observations suivantes :

Un jeune tonnelier, atteint de l'épidémie précédente, tombe dans un état comateux, éprouve un délire sourd et des soubresauts de tendons, et présente une langue recouverte d'une croûte muqueuse épaisse. Les vésicatoires placés aux jambes sont pâles et blafards. Le traitement intérieur a lieu par des apozèmes chicoracés et quinquinacés, par quelques grains de rhubarbe et par des boissons acidulées. Quelques signes de coction (au trentième jour) semblent indiquer de bien légers minoratifs, mais les symptômes deviennent alors plus graves, et la mort survient au trente-sixième jour.

La sixième, la huitième et la dixième observation offrent de plus heureux résultats par l'emploi des toniques ; c'est surtout dans la douzième que le quinquina agit favorablement, mais après les évacuants et une hémorrhagie intestinale. Dans d'autres cas de cette fièvre épidémique, ont eu lieu des évacuations vermineuses, suivies de la mort, où l'écorce du Pérou n'a pas été donnée. Enfin, quelques malades sont guéris sans ce dernier fébrifuge, tandis que d'autres ont succombé malgré le quinquina.

§ XXX.

CONTINUATION DES §§ XXV ET XXVI, SUR LES FIÉVRES INTERMITTENTES ET SUR LES ÉPIDÉMIES.

Les contrées *seulement* humides ne sont pas aussi insalubres que les contrées chaudes, humides et marécageuses. Ainsi, le terrain fangeux du Sénégal, par exemple, est le siége de la fièvre jaune, tandis que les vaisseaux laissés à l'ancre et à quelque distance du rivage des Antilles et des côtes de la Guinée, sont à l'abri des épidémies qui règnent à terre auprès d'une mare infecte ou d'un terrain dont les arbres sont fumés avec des poissons qui se putréfient bientôt.

C'est dans le passage de l'hiver au printemps (depuis la mi-novembre jusqu'en avril) que surviennent, en Russie, les maux d'yeux, les gouttes et les fièvres quotidiennes, tierces, et notamment les quartes qui y sont très rebelles, quoiqu'elles présentent plus de prise aux remèdes que celles de Pétersbourg, qui est bâti sur un terrain marécageux et encore plus humide.

C'est principalement dans les fièvres intermittentes de l'été, que surviennent des éruptions cutanées et psoriformes, dues à la viscosité de la lymphe, et se manifestent surtout sous l'action d'un poison ou d'un aliment vénéneux. (Sédillot, *Journal de médecine.* tome V, p. 46 et 49. — Bréra, *Annotazioni mediche*, in-4°, tome II, p. 232.)

Souvent une affection intestinale, à la suite de certains aliments, voit se manifester des rougeurs, des démangeaisons et même des gangrènes, ainsi que des congestions flatulentes, dont la brusque sortie amène un prompt soulagement et la suspension de la désorganisation des parties. (*Van Swieten, Bordeu, Médecine pratique.* p. 68.) L'on terminera ce paragraphe sur l'apparition et la disparition successive des maladies du ventre et de la peau, par l'observation suivante qui offre le cas d'une affection intermittente singulière.

Démangeaison de toute l'habitude du corps, précédée de vomissements bilieux, puis de dégoût, avec une grande maigreur et une pâleur de toutes les parties externes, chez une dame noble, naturellement d'un tempérament sanguin, et d'un grand embonpoint, mais qui avait eu une suppression de règles un an auparavant et en hiver. Cette démangeaison, qui chaque jour commençait sur les deux heures de relevée, durait quelquefois plus d'une heure, était si forte, que la malade ne la calmait qu'en se faisant frotter tout le corps, ou avec un décrottoire, ou avec de la dentelle en argent. Mais cette démangeaison était à peine calmée qu'il survenait une colique intestinale violente, pendant deux heures, et à laquelle succédait un assoupissement avec insensibilité générale ; le pouls seul se faisait sentir. Cet état maladif, dont les symptômes sont singulièrement détaillés, et que quelquefois l'on a vu survenir dans les cas d'une fièvre tierce ou double tierce, avec types périodiques, fut combattue : 1° par des bouillons de maigre de veau, aiguisés d'un peu de poudre de rhubarbe, et auxquels on avait ajouté beaucoup de chicorée amère à côtes rouges , et un peu de cerfeuil ; 2° par l'usage d'un opiat d'acier purgatif , pendant neuf jours du printemps suivant , puis par celui du lait d'ânesse assez soutenu. (Vieussens, *Observations de médecine pratique*, in-12, 1755 , p. 380.)

§ XXXI.

MALADIES SIMPLES OU COMPLIQUÉES, MAIS ANALOGUES ENTRE ELLES , SOIT PAR L'INTERMITTENCE , SOIT PAR LE TRAITEMENT QU'ON LEUR OPPOSE.

Le rhumatisme, d'après Hippocrate, est toujours précédé de froid aux pieds, de douleurs aux côtés, au cou, de fièvre aiguë , d'urines morbides ; il arrive aussi par accès et par paroxismes ; il se juge par des sueurs visqueuses et fétides, par des rougeurs à la peau, par des dérangements dans les fonctions digestives, par des vomissements, par des déjections alvines, par des urines sanguinolentes, etc.

La fièvre *ardente*, ou *cholérique*, ou *bilieuse* , ou le *causus* des pays chauds et humides, ainsi que la *fièvre jaune*, sont assez analogues avec le choléra dont les évacuations et l'état nerveux sont également influencés par la température, le régime, etc. ; enfin, le choléra représente tant de rapports avec les fièvres intermittentes ou rémittentes un peu graves, qu'on l'a vu succéder à ces fièvres, comme on a vu ces dernières annoncer également, par leur retour, la disparition du choléra. (*Clinique des hôpitaux de Lyon*, t. III, p. 80.)

Toutefois les typhus peuvent présenter quelques variétés, quelques différences peu essentielles. Ainsi, il n'est pas inutile de répéter qu'une fièvre vraiment inflammatoire ne dégénère pas nécessairement en fièvre maligne, et que toute fièvre tend d'autant plus à prendre un caractère pernicieux, que sa nature est catarrhale et non inflammatoire. (Hildenbrand, *Ratio medendi*, pars 2, p. 69 et 212.)

Il est des thyphus composés par la réunion de deux ou trois typhus, dont les miasmes peuvent varier suivant les corps qui les exhalent. Ainsi, la fièvre des camps peut se compliquer des miasmes de la fièvre nosocomiale et carcérale, et demander quelques modifications dans leur traitement. Aux moyens employés dans la peste qui éclata en 1795, dans le pays de Burzen, en Transylvanie, on a ajouté les frictions huileuses et le quinquina aux acides et aux sudorifiques employés dans la peste venue dans la Valachie, en 1718 et 1719, quoique les caractères fussent à peu près les mêmes.

§ XXXII.

MALADIE DE HONGRIE (*Morbus Hungaricus*).

La partie haute de la Hongrie est sèche et saine, mais ses parties basses, qui sont sur les bords des grandes rivières du Danube et de la Drave, sont souvent sujettes à des inondations qui forment des marais prompts à se corrompre et à infecter l'air vers la fin de l'été ; aussi cette dernière localité a-t-elle toujours été nuisible aux armées qui y ont séjourné. (Pringle, *Maladies des armées*, t. I, p. 342.) Cette insalubrité serait-elle due à la différence remarquable entre la température des jours et celle des nuits, provenant des monts Crapaks dont les sommets sont couverts de neiges et refroidissent l'air de la nuit, tandis que la chaleur du jour est intolérable? Le *morbus hungaricus* est un typhus composé de la *fièvre marécageuse* d'automne et de celle *d'hôpital;* elle tire d'abord sa source du camp, des prisons, etc., mais elle acquiert une nature pestilentielle du mauvais air des endroits où l'on mettait en foule les malades, endroits les plus insalubres de la Hongrie. (Excellente instruction sur le typhus, voyez *Journal de médecine* de Corvisard, t. XXVII, p. 396 401,

t. XXX, p. 392, t. XXXI, p. 413, t. XXXIII, p. 365 et 375.)

§ XXXIII.

AUTRES FIÈVRES ANALOGUES AU CHOLÉRA.

Les ouvrages de *Torti*, de *Werlhof* fourmillent de cas de choléra, auxquels sont analogues des fièvres intermittentes, quotidiennes, tierces ou quartes, parmi lesquelles se comptent la *cholérique*, la *dysentrique*, l'*algide*, l'*apoplectique*, la *syncopale*, la *sudorifique*, etc., suivant que le principal symptôme procède de la lésion du cerveau, des poumons, du ventre, ou qu'il consiste dans un froid glacial, dans une sueur coliquative, etc., mais les unes et les autres en étant toujours avec le type de rémission ou d'intermission, et devant être combattues par le quinquina.

Malgré l'analogie que l'on observe constamment entre les fièvres intermittentes marécageuses et celles qui se compliquent du flux de ventre appelé choléra, on est forcé d'admettre l'influence additionnelle de quelque agent qui détermine l'établissement de ce dernier ; ce n'est que d'après cette manière de voir que l'on peut expliquer pourquoi, de deux bois contigus, l'un n'a offert que des fièvres intermittentes simples parmi les Polonais qui y campaient, tandis que dans l'autre bois il se développa la complication du choléra parmi les Russes qui y avaient séjourné, mais où ils avaient apporté les dispositions, les miasmes cholériques. (*Bibliothèque universelle de Genève*, t. XLIX, p. 209.)

§ XXXIV.

INFLUENCE DU MORAL.

C'est du côté du moral que l'on peut apercevoir quelque analogie avec les fièvres marécageuses et les fièvres typhoïdes et cholériques. Les anciens avaient déjà fait cette observation de l'influence des effluves marécageux sur le caractère des habitants de certaines contrées, et les modernes ont également remarqué le stoïcisme avec lequel ceux qui vivent sous une atmosphère paludéenne de France semblent perdre leurs enfants et leurs parents, et même ne rien faire pour se soustraire à l'inertie, à l'avarice, à l'imprévoyance qui les empêchent d'essayer leurs forces, et l'envie de tirer quelque parti d'un pays marécageux. (*Gazette médicale de Lyon*, vol. I, p. 54.)

D'autre part, le choléra agit tellement sur le moral, qu'on a vu une demoiselle connue par sa fraîcheur, sa circonspection, sa pudeur et sa piété

angélique, être frappée du choléra au point de
tenir un cynisme de langage qui va jusqu'au dé-
vergondage le plus lascif, et d'expirer en débitant
les propos les plus obscènes et en provoquant
chacun des assistants à l'assaut de son honneur.
(Lauvergne, *Agonie et mort*, t. II, p. 487.)

Il est de fait que les maladies aiguës font taire
les légères, et même que parmi les premières il
en est qui s'excluent ou se remplacent alternativement. La phtisie pulmonaire disparaît-elle réellement, comme quelques uns le prétendent, par les
fièvres intermittentes et surtout par les marécageuses? (Leidenfrost, *Opera medica*, t. III, p. 329.)
Cela ne serait pas surprenant d'après ce qui peut
arriver sur le caractère des gens de guerre, qui
d'un pays civilisé, doux, passent et vivent sous un
climat d'outre-mer et d'une température différente. Chefs ardents d'un pays nouveau pour eux,
ils se modifient par ce changement de patrie et
d'occupations journalières; les premières mœurs
et les anciens usages s'oublient. Jusques-là d'un
commerce facile, ils deviennent bientôt impérieux
et arbitraires, et déjà ils sentent l'aiguillon d'une
ambition, mais qui sait s'assouplir aux circonstances, de manière à se montrer versatile suivant
l'occasion, pour affecter de nouveaux sentiments

et pour *jouer la comédie*. Ils n'oublient pas de communiquer leur rôle à leurs subordonnés, à leurs inférieurs, dont ils songent à capter l'adhésion, en augmentant parfois leur solde, en les encourageant par quelques légers avancements, en les gratifiant de plus amples boissons et en les entourant de soins particuliers dans leur *tenue*. Ces attentions affectées n'offrent point de résultats fâcheux à craindre, tant que l'on a affaire à des troupes vraiment nationales, qui, en général, ne se laisseront pas gagner par de seules apparences momentanées, et qui se méfieront facilement de toutes ces caresses perfides, dont le but serait de leur faire perdre la popularité et la confiance qui leur sont dues, et sans lesquelles elles seraient exposées à faire deux camps différents, dont il pourrait sortir la dictature du *sabre* et l'arbitraire du despotisme.

§ XXXV.

ÉTAT DU VENTRE.

Dans certains cas de choléra il y a turgescence et engorgement de différents organes glanduleux ou parenchymateux du bas-ventre, absolument semblables à ceux que l'on voit si souvent caractériser ou suivre les longues fièvres intermittentes

marécageuses. Cette tuméfaction des viscères ab-
dominaux (par exemple, de la rate, du foie, etc.),
qui est l'effet et non la cause de la fièvre d'accès
ou intermittente, et qui est bien distincte d'un
état de spasme ou de contraction ordinairement
plus fugace et moins persistant, se présente plus
volontiers chez les hypocondriaques cholériques
dont la diathèse acescente rend les acides et le
quinquina moins aptes à agir utilement contre
les infractus de leur foie et de leur rate. C'est dans
cette même variété du flux cholérique que les
malades éprouvent de moindres évacuations par
le haut et par le bas, et qu'en même temps il y a
diminution de sensibilité dans les parois addomi-
nales, dont la matité a été en conséquence regardée par M. Bièvre de Boismont comme caractéristique du choléra vulgaire. A ce sujet, j'ajouterai
que j'ai eu moi-même lieu de remarquer une flacci-
dité et une insensibilité bien manifestes dans le
tissu de l'enveloppe musculo-cutanée du bas-
ventre, dont en même temps l'intérieur était continuellement tourmenté par des mouvements
fugaces, alternés en tous sens, de spasme et de
mollesse flatulente dans les circonvolutions de la
masse intestinale, circonstances où des cholériques ont vu, dans la nuit, s'éclaircir quelques points

dans la couleur bleuâtre ou cyanique qui avait paru sur la peau de leur ventre et de leur poitrine. On doit d'autant plus porter son attention sur l'état intérieur du ventre, que les morts subites sont, plus souvent qu'on ne le pense, le résultat de l'excitation instantanée des phlegmasies chroniques et *latentes* des intestins.

§ XXXVI.

DES MATIÈRES VOMIES, ETC.

Les premières matières rendues par le vomissement dès le début de l'épidémie, ont paru *acides* à MM. Andral et Berguerss. Chez moi, les matières rejetées par le haut en très grande quantité à la fois n'étaient que fades et nullement aigres. L'absence de substances alimentaires expliquerait-elle ce défaut d'acidité? Y aurait-il eu alors une espèce de décomposition des fluides acescents gastriques, de manière que la muqueuse stomacale et intestinale se serait montrée imprégnée d'un élément acide, tandis que les sucs gastriques auraient paru sous forme fluide ou floconeuse, les organes jouissant encore de la vitalité, et qu'ils auraient pris facilement, après la mort, un degré d'alcalinité, lors même que les matières vomies eussent contenu des débris d'aliments? Il serait à désirer

que l'on pût constater par des essais quel est l'état
où l'organe cutané des cholériques se présente ;
lors de la réaction acide , comparativement au
degré d'alcalinité qui se manifeste, dans le même
stade du choléra , du côté du système gastrique
du malade, vu l'antagonisme et la synergie qui
règnent alternativement ou simultanément entre
la périphénie cutanée et l'intérieur de l'appareil
digestif. Du reste, l'alcalinité des déjections alvines
inférieures ne pourrait-elle pas du moins être
soupçonnée d'après leur rareté, leur consistance
et même d'après la période de la maladie? Enfin,
Pringle (*Maladies des Armées*, t. II, p. 320) nous
instruit que les nausées et les vomissements sont
des symptômes fréquents dans les fièvres des marais. Relativement aux déjections alvines, il est à
dire que la réaction des fluides intestinaux est en
général acide, tandis qu'en particulier elle est d'ordinaire plutôt alcaline. Immédiatement après la
mort, tous les liquides intestinaux se montrent
le plus souvent acides, et leur acidité ne disparaît
qu'alors que leur décomposition s'établit.

La rate , le foie et les autres viscères parenchymateux du bas-ventre acquièrent morbidement,
dans les fièvres intermittentes ou rémittentes de
l'automne et des marais, un endurcissement et plus

souvent une expansion molle ou douce, que les uns ont regardée comme cause, et que les autres considèrent comme effet des fièvres périodiques. (Voyez Monneret, etc, *Compendium*, t. V, p. 273, 319, 325, 327.)

§ XXXVII.

SELLES.

Il ne faut pas s'attendre toujours à voir l'albumine dominer dans les évacuations alvines des cholériques ; du moins cette altération des matières excrémentielles intestinales est infiniment plus rare chez nos cholériques que dans le choléra des Indes, où la nourriture populaire est le riz, encore de la qualité la plus inférieure, circonstance qui a fait donner au choléra asiatique le nom de choléra *oryzaïque*, et qui ne permet pas au cholérique européen de voir ses selles imprégnées de l'albumine, etc.

Cette albumine, suivant M. Andral, ne serait que du mucus faisant partie du sang, et dont la sécrétion morbide se ferait subitement et ne contiendrait ni albumine ni fibrine. Cette matière blanche ne serait-elle autre chose qu'une membrane mucoso-intestinale, une membrane diphthérique qui a été soulevée, détachée, même divisée et comme triturée sous forme d'*epithelium*? (Flourens, *Acadé-mie de Médecine*, séance du 25 août 1847.)

La bile est érugineuse et porracée chez les sujets qui boivent des liqueurs douces mais fermentées ; elle est très âcre et acide, souvent au point que son vomissement n'a lieu qu'en s'accompagnant de spasmes et même de convulsions. La bile alca-line et noire suppose une altération, une décom-position de parties animales ; elle est plus corrosive que la précédente. (Huxham, p. 577.)

§ XXXVIII.

SANG.

La nature du sang en général offre des diffé-rences dans les maladies cérébrales , comme dans l'encéphalite, etc., et ces différences sont surtout sensibles entre le sang veineux et le sang artériel. (Voyez *Abeille médicale*, t. V, p. 49 et 80.) L'aci-dité est inhérente au sang, et l'on ne sache pas qu'elle lui soit enlevée par une autre maladie , fût-elle le typhus, quelle que soit sa gravité ; toutefois des expérimentateurs ont trouvé que ce fluide, ou extrait des veines des cholériques, mais avant la *réaction* de leur état morbide, ou trouvé dans les cadavres peu de temps après la mort, n'a point paru différent ; d'autres, au contraire, ont cru voir que le sang sorti dans le stade de la réaction était franchement alcaliné ; sur le tout il n'est pas douteux que, suivant l'état normal ou fébrile, le sang *veineux* offre quelque différence dans sa température et dans sa densité. Il en est de même quant au sang *artériel*, dont la chaleur, le poids et le volume doivent également varier suivant les mêmes circonstances, et influer même sur la *susceptibilité* des artères. L'examen du sang des cholériques montre que l'albumine du sérum s'y maintient dans son état normal. Le sang *rouge* de l'homme et des animaux de la grande espèce est composé de petits globules qui se divisent chacun en six autres globules ; le sang blanchâtre (*albescens*) ne se divise point en petits globules ; on le trouve dans les petits insectes que l'on appelle *exsanguins* et où l'on n'aperçoit ni poumon, ni fiel, ni foie. (Vallerius, *Hydrologie*, p. 137, 2e volume de sa *Minéralogie*.) Le sang est plus épais dans les fièvres quotidiennes que dans les tierces, et dans les tierces plus que dans les quartes. (Huxham, *Essai sur les Fièvres*, p. 26.)

§ XXXIX.

SALIVE.

Au moment de son excrétion par le conduit pa-
rotidien, la salive est claire, limpide, muqueuse
et *alcaline ;* elle éprouve l'action d'un ferment, de
manière à transformer l'amidon hydraté ou l'eau
d'amidon en glucose et celle-ci en acide lactique.
Mais ce ferment naît-il de la salive et des membranes muqueuses salivaires ensemble ou seulement de ces membranes? Car, malgré ce qui est
dit plus haut, la muqueuse *buccale* est souvent *acide*
dans l'intervalle des repas, quand la salive est en
petite quantité, et alors elle s'altère promptement
au contact de l'air et du mucus buccal. Cette acidité
anormale est généralement caractéristique dans
le système salivaire des diabétiques. Partant de
ces dernières observations, l'on pourra dire que
l'état d'excitation morbide, par exemple celui d'une
maladie inflammatoire, active la faculté fermen-
tante des muqueuses, et par suite celle des liquides déposés à leur surface. (*Archives générales de
Médecine*, t. XVII, p. 15.)

En répétant que la salive s'offre en général dans
un état d'accscence, quand on l'examine le matin,

quand il y a quelque temps que l'on n'a pas mangé
ou que l'on a observé une diète sévère, l'on ajou-
tera que la salive des vénériens *inutilement* traités,
soit par l'action réfractaire du virus vénérien, soit
par la faute des anti-siphilitiques, a paru présenter un acide saccharin libre, dont l'absence
rendant les aliments moins nutritifs peut donner
lieu à une maigreur alarmante. (Rosier, *journal
de Phys.*, tome XXXIII, p. 214.) Eh bien! cette
salive qui ordinairement est savonneuse, acide,
souffre un altération plus ou moins grande chez
les cholériques, suivant que les vomissements
éprouvés par les malades, sont plus aqueux
et plus copieux; et ces variations seront encore
à peu près analogues ou en rapport avec celle
de la sueur.

En résumé, rien de précis, rien de certain sur
les qualités de la salive des cholériques, qui n'est
pas toujours exclusivement *acide*; et quoique quelques médecins croient y trouver la preuve d'un état
morbide de l'estomac, il résulte du dire de quelques
autres, que lors de la *réaction* du choléra la salive
se manifeste *alcaline*, quand elle devient *opaque*,
tandis qu'elle reste *acide* tant qu'elle est limpide et
transparente. Enfin, quand la salive se fait sentir
alcaline ou neutre, ce n'est pas que ce liquide ait

changé de nature; c'est plutôt parce qu'il a cessé d'être excité, ou que sa réaction est dissimulée par celle d'un autre liquide qui tire son origine de la membrane muqueuse buccale, linguale, etc.

On finira cet article en établissant qu'en général le fluide ou suc gastrique se compose de deux principes spéciaux, l'un acide et anti-septique, et l'autre rancide et amer, caractéristique de la bile, mais que jusqu'à présentil est bien difficile de déterminer quel est de ces deux principes le dominant dans les évacuations cholériques, et quelle est l'influence de ce principe dominant sur le reste de l'économie animale. (Voyez Wedekend, *de Morbis primarum viarum*, in-4°, p. 9, 23.)

§ XL.

SUEUR.

L'acidité de la sueur ordinaire est assez persistante. Ainsi, elle ne disparaît point dans le diabète *sucré*, où toutefois elle peut paraître diminuer quand son principe actif est étendu dans une plus grande quantité d'eau qui augmente d'autant la masse d'urine rendue dans cette maladie.

Généralement l'acidité de la sueur, qui dans l'état naturel manifeste quelques rapports avec l'acidité des excrétions ou sécrétions alvines, est

le plus fréquemment supprimée ou au moins dimi-
nuée dans le développement du choléra. C'est surtout dans la période avancée de ce typhus gastrique qu'apparaît la *cyanose*, et c'est alors que
s'annonce la décoloration bleue de la peau, que la
sueur perd son acescence, et qu'elle prend une
telle viscosité, que le toucher exercé sur l'organe
cutané du cholérique procure une sensation
semblable à celle produite par le contact d'un
batracien; et c'est un bon signe quand, à cette
époque même de la maladie, la sueur reprend
son acidité normale, dont, en effet, le retour
diminue d'autant l'acescence du tube intestinal.
C'est d'après ces réflexions sur l'état d'acidité
morbide des premières voies que l'on peut expliquer les bons effets des absorbants crayeux et
calcaires qui se trouvent à quelque profondeur du
sol des vallées du Kentucky et de l'Ohio (Etats-
Unis), qui guérissent les animaux ruminants des
tranchées auxquelles les rend sujets la crudité des
herbes de ces localités, qui cependant sont très
insipides. (Châteaubriand, *Voyage en Orient,* in-12,
1838, tome I, p. 162.)

§ XLI.

URINE.

L'urine rendue dans un jour est d'environ seize onces, en Italie, un peu plus abondante en France et plus encore en Angleterre. Cette différence peut encore varier suivant le temps et la partie du jour, suivant le repos ou l'exercice, suivant la température et l'alimentation des individus. (Sanctorius, *Aphorismi statici*, v. IX, XII.)

L'urine est *crue* pendant le frisson, pendant le froid d'un accès de fièvre. Quand elle est *sédimenteuse*, elle indique que la fièvre est sous l'empire du quinquina.

L'urine des personnes atteintes du typhus conserve presque toujours son acidité normale; cependant elle passe facilement à l'alcalescence, à cause de la proportion d'urée beaucoup plus grande que dans l'état sain et ordinaire. (*Abeille médicale*, tome IV, p. 350.)

Les urines rouges et à sédiment briqueté se manifestent dans la plupart des maladies périodiques, sans fièvre, ou dont les symptômes sont imprévus (*Medicus*, p. 260), ainsi que dans les fièvres intermittentes, rémittentes et typhoïdes, dont l'élément est le miasme animal ou l'effluve maracageux. (V. Morton, Huxham, Lanter, Hoffmann et de Haen.)

On n'a pas, je pense, des expériences positives qui prouvent que l'urine soit acide ou qu'elle devienne alcaline sous l'influence ou par l'action du typhus.

L'urine des reins est acide ; celle qui a résidé dans la vessie s'y détériore et devient ammoniacale.

Quand on prend du quinquina, les urines manifestent beaucoup d'acide carbonique qui existe également, mais en moindre quantité, dans toute autre urine. Un chimiste en a conclu que l'acidité des urines ne tient pas à l'acide phosphorique dégagé, comme le pensent Bertholet et autres. (*Giornale di medicina di Parma*, t. II, p. 205.) C'est à cet acide carbonique, admis par Giudoti, qu'est due la couleur rouge que prend la teinture de tournesol mêlée à de l'urine chaude.

Dans le choléra, ainsi que dans les fièvres rémittentes ou intermittentes pernicieuses, subintrantes, observées et traitées par Torti, Wherloff, Bona et Rocchus Malacini, les urines ont été sédimenteuses chez les sujets bilieux, dont la face était pâle et décomposée. Leur changement subit en urines claires et crues faisait présager que la poitrine ou le cerveau étaient compromis. L'orage n'était prévenu que par le quinquina, mais donné à temps et avant le troisième accès ou le paroxisme. Tous ces terribles accidents n'ont point cédé aux moyens ordinaires les plus actifs, et les cas *moins fâcheux*, où l'on n'a pas employé l'écorce du Pérou, n'ont présenté qu'une convalescence lente, pénible et incertaine; et encore faut-il remarquer que ces fièvres rémittentes, appelées catarrhales, rhumatisantes, n'avaient à la longue une terminaison favorable qu'à l'aide de la sueur, et que leur cause efficiente et principale était le froid seul, sans complication de la lésion d'aucun organe noble. Car les sujets, même jeunes, qui prenaient ces fièvres pernicieuses, en avril, avec des frissons le soir, et avec des urines brusquement changeantes et limpides, tombaient dans le délire et dans les convulsions, et périssaient le huitième ou le onzième jour, malgré les nervins et le musc, etc. (*Johannes a Bona, observat. medic., Patav.*, 1766, p. I. — LXIV.)

Dans certains dérangements, dans les fonctions cutanées ou gastriques, on a vu quelques cas graves de choléra s'accompagner d'urines d'un vert foncé, chez un bilieux qui en rendit encore une quantité énorme par les vomissements et les selles. (*Bibliothèque Britannique* (Sciences), tome XXVIII, p. 173.)

C'est par un état de mort de la peau, qui est l'organe préparateur de l'urine, qu'est produite la suppression de ce fluide. (*Clinique des hôpitaux*, tome III, n° 56, p. 226.)

§ XLII.

MIASMES ET PEAU.

Il est reconnu que le miasme paludéen peut également, et dans certains cas, produire comme indistinctement par lui-même, et les fièvres intermittentes de mauvais caractère, et l'affection communément appelée *choléra*, ainsi que celles connues sous le nom de *typhus;* de manière que toutes ces diverses affections maladives, reconnaissant les mêmes causes, et ne variant en forme que d'après leur siége et leur intensité, indiquent, les unes et les autres, la même médication, que quelques circonstances, seulement accidentelles, pourront faire encore un peu varier. Toutefois il est à distinguer l'action locale d'avec l'action générale des agents miasmatiques, morbifères, d'où viendront aussi des différences non essentielles dans les phénomènes des unes et des autres maladies.

Les phénomènes de l'action maladive *locale*, sont quelquefois si brusques, si irréguliers et si changeants, que les moyens qu'on leur oppose et qui paraissent les plus rationnels, augmentent facilement la confusion et le danger ; mais heureusement le dénouement n'est pas toujours si brusque, et, dans le cas où la marche du miasme est parvenue au point que cet agent fébrile paraît avoir produit une action *générale,* caractérisée d'ailleurs par des accidents dans des parties éloignées de celles primitivement compromises, comme par des maux de tête, des vertiges, des spasmes ou tremblements dans les parties plus distantes, plus opposées, il ne faut pas désespérer; il faut essayer d'autres moyens rationnels.

Dans les fièvres intermittentes de nos pays, le froid ressenti par les malades et dans le premier stade de l'accès, est l'effet de la perversité de la sensibilité générale. (Monneret, etc., *Compendium, etc.,* tome V, p. 277.)

Sur les rapports entre la peau et les poumons, voyez *Encyclopédie méthodique (Dictionnaire de médecine),* tome I, p. 253.

§ XLIII.

ANESTHÉSIE.

L'observation nous apprend que toutes les affections considérables de la peau s'accompagnent d'un dérangement dans la sécrétion des urines et dans les fonctions gastriques et intestinales. (*Giornale med. chir. di Parma*, t. X, p. 117.)

L'anesthésie, ou la diminution de la force expansive de la peau, peut être particulièrement signalée par le peu d'énergie qu'y excitent les vésicatoires, lesquels en effet, dans les deux premières périodes d'une maladie pestilentielle, peuvent bien soulever l'épiderme, mais sans être suivis de la suppuration, ne font rien dans la troisième période, et ne font pas même (dans aucune) s'établir des points gangréneux, etc. (Audouard, *Fièvre jaune de Barcelonne*, p. 69.) C'est dans la période *algide* du choléra que l'on a pu observer l'action presque nulle des rubéfiants et des vésicants. Relativement à cette paralysie du système dermoïde chez les cholériques, le docteur Sophiano (p. 125) pense que le froid des extrémités suit la paralysie résultant de la réaction de l'engorgement mucoso-intestinal sur le système circulatoire. J'ai dit ailleurs que la paralysie cutanée suivait le froid des extrémités,

L'anesthésie, ou paralysie du sentiment qui affecte la peau, les muscles ou les organes des sens des ouvriers qui travaillent le plomb, est superficielle ou profonde, et en conséquence elle indique une différente activité dans les moyens curatifs. (Moneret, *Compendium, etc.*, t. VII, p. 17-18.)

Quoique l'air putride ou marécageux agisse spécialement sur le système cutané, on a cru remarquer que, par une condition ou par une propriété particulière, l'air délétère et froid n'agit pas autant sur la tête et encore moins sur la poitrine, sur le ventre et sur les pieds; serait-ce parce que ces parties sont recouvertes de vêtements, de fourrures ou de poils? Serait-on fondé à faire une induction sur la contagion physique animale, d'après l'établissement et la fixation de la couleur de la peau des différents peuples? (Voyez Valmont de Bomare, article *Nègres*.) Il faut se rappeler que la peau des *noirs* est *sèche* quand ils sont malades, et qu'ils sont menacés d'une indisposition quand elle le devient. (Peyrilhe, *Hist. de la Chir.*, t. II.)

§ XLIV.

COULEUR MORBIDE DE LA PEAU.

La coloration rouge morbide de la peau varie suivant les organes et leurs tissus enflammés, ainsi que suivant l'intensité et la durée de la phlegmasie. Il y a *coloration* rouge : 1º par injection des petits vaisseaux rouges, 2º par des taches *diffuses* ou consistant en *points* agglomérés. Ces deux colorations anormales caractérisent l'inflammation proprement dite.

L'activité avec laquelle l'impression des doigts enfoncés dans une partie enflammée est accompagnée et suivie de la disparition ou du retour de la rougeur de la partie enflammée, indique, ou que la circulation capillaire est libre, ou qu'elle ne s'y fait plus naturellement. (*Revue médicale*, t. XV, p. 51.)

La synoque ordinaire a quelquefois pour prodrome décidé la coloration *bleue ou bleuâtre*, sous forme de taches plus ou moins circonscrites et étendues, et elle se juge alors volontiers par les évacuations alvines, tandis que celle qui par sa simplicité se rapproche de l'*éphémère* se juge bien plus promptement par quelques sueurs (Darosse,

Thèse sur la synoque et l'éphémère, 1847, p. 36 et 40), de manière que cette même éphémère, tout en présentant une éruption cutanée bleuâtre, ne s'en termine pas moins par une prompte convalescence et sans crise.

Une tache cutanée, semblable à celle d'une meurtrissure, a terminé chaque accès de douleurs dont s'accompagnait l'asthme d'une femme hystérique.

Avant d'aller plus loin, rapportons le cas d'une cyanose *congéniale* circonscrite sur la poitrine d'un homme âgé de quarante ans, dont le corps avait eu une température constamment très basse, et dont la mort arriva vingt-quatre heures après une atteinte subite de dyspnée et de demi-syncopes, accompagnées d'abord de convulsions, puis d'une douleur vive à l'épigastre, aux reins et aux hypocondres. Le cœur était hypertrophié dans son côté droit, ses deux ventricules étant d'une *même* épaisseur, mais les oreillettes droite et gauche étaient d'une égale épaisseur et triple de celle de la naturelle. Le trou ovale était béant, mais comme obstrué par une membrane supplémentaire au-dessus des valvules sémi-lunaires qui étaient dans un état normal. (*Abeille Médicale*, t. V.)

7

Les couleurs morbides ou naturelles de la peau peuvent être modifiées par l'influence d'un viscère, du foie (par exemple), devenu malade, sur l'organe cutané. (*Dictionnaire des sciences médicales,* tome XXIII, p. 396, 412 et 422.)

La décoloration dans un ou plusieurs points des téguments est quelquefois tardive, et alors elle se rapproche plus ou moins de la gangrène sèche des orteils, qui parfois survient à la fin des fièvres adynamiques, contagieuses et automnales. Cette analogie est d'autant plus admissible, que cette gangrène sèche peut être sans la mort des parties dont l'état normal est provoqué par les remèdes excitants. (Lafont-Gonzy, *Matériaux par la médecine militaire*, p. 77.)

§ XLV.

CYANOSE.

La cyanose, qui se montre quelquefois dans différents typhus, n'arrive que dans la période de l'acuité de ces fièvres, et quand les sujets présentent déjà une profonde lésion dans quelque partie importante ; d'ailleurs, il peut se faire que, sous l'influence d'un ciel doux, tempéré, et d'un régime peu affaiblissant, les altérations de la couleur de la peau soient très faibles dans les maladies observées par nos anciens, Grecs et Romains, au point de ne pas être aperçues par les médecins et les assistants.

La cyanose, qui est plus fréquente dans le choléra de l'Inde et des frontières de la Perse, se montre plus volontiers quand le choléra vient brusquement et sans cause apparente. Dans cette espèce de typhus cholérique, les accidents ou symptômes sont principalement nerveux, spasmodiques et caractérisés par des épanchements passifs d'humeurs sanguino-bleuâtres, tandis que dans celle où l'on vomit beaucoup, où l'on a de fortes évacuations alvines, l'on ressent moins de convulsions; c'est à la chute du pouls, c'est au moment du refroidissement général, et surtout de celui de la peau, que se manifeste la cyanose, dont d'ailleurs le siége et l'intensité varient à l'infini; c'est enfin dans cette période avancée et terrible du choléra *que la sueur perd de son acescence.* En automne, aussi bien que dans un climat chaud et froid, la cyanose cholérique peut être entravée ou remplacée par le changement de la couleur naturelle du visage, qui en devient très pâle, ou par la lividité des ongles. (Vieussens, etc., p. 375.)

Dans le choléra ou *sec* ou *humide* que j'ai éprouvé en 1848, ma domestique me fit apercevoir d'un changement de couleur des doigts de ma main droite, lesquels effectivement étaient un peu pâles, plombés, plus gonflés et plus luisants que ceux de ma main gauche. La cyanose, qui s'établit, comme je viens de le dire, dans le dernier temps du choléra asiatique, ne serait-elle pas le résultat de l'action délétère et instantanée du miasme paludéen ou de tout autre agent analogue qu'on serait ainsi forcé d'admettre dans les fièvres marécageuses malignes, autrement dites *typhoïdes*, agissant sur les différents systèmes, soit respiratoire ou gastrique, soit cutané ou nerveux, qui seraient compromis successivement ou simultanément, au point de ne plus obéir au stimulus vivifiant des six choses non naturelles? ou pour parler plus clairement, ne faudrait-il pas plutôt admettre que la syncope et la lividité cyanique, qui annoncent la diminution ou le terme de la vie, sont dues à la non-conversion du sang veineux en sang artériel, ainsi que cela arrive dans la submersion ou par l'impression d'une violente passion attristante, à laquelle on a vu survenir incontinent la noirceur de la peau et même de tout le visage, au point que l'individu ressemblait à un nègre.

La couleur bleuâtre ou noirâtre de la peau a été remplacée, dans la peste qui a éclaté, de juillet

1718 à décembre 1719, à Cronstadt en Transylvanie, par des pustules noires, des charbons,
des *raies livides sur la peau*, par des taches noires
ou plombées, et même par des pustules bleues à la
gorge. La cyanose ou suffusion noirâtre et circonscrite de la peau a encore été observée dans la
paraplégie *hépatique* ou *spleenique*, surtout à la fin
du choléra, chez les gens maigres, délicats, ca-
chectiques, qui avaient eu dès le principe des épis-
taxis, ou à leurs derniers moments de fortes sueurs.
(Brendel, *Opuscula*, *pars* III, *dissertatio* XVII,
p. 83.)

Enfin, des taches livides cutanées, qui parfois
se sont montrées dans des fièvres dysentériques,
m'ont paru être analogues à la cyanose cholérique et céder à un traitement dont faisaient partie
des lavements mucilugineux, gommeux, et dans
lesquels entrait la térébenthine cuite. Me serait-il
permis de terminer cet article sur la couleur morbide de la peau par l'observation et les questions
suivantes?

1° Un enfant devenait *bleu* tous les deux jours;
dans son accès il avait l'apparence d'un enfant
qu'on venait d'égorger; cette couleur bleue persé-
vérait pendant quelques heures. (*Académie des
Sciences*, part. IX, p. 154.)

2° Les Cosaques, qui sont frappés d'une espèce de lèpre dite *crustacée*, laquelle ne respecte que les jarrets, le dessous des aisselles, le cuir chevelu, la paume des mains et la plante des pieds, ont présenté une couleur rouge bleuâtre du visage et des extrémités supérieures.

3° Comment arrive-t-il que les nègres atteints de la rage deviennent blancs avant de mourir? Est-il vrai que les taches pourprées marchent de la graisse à la peau?

§ XLVI.

EXCEPTIONS, IMMUNITÉS.

On a inutilement cherché et demandé pourquoi quelques uns ont avancé que certaines localités, comme Lyon et d'autres villes du Midi, seraient à l'abri du choléra d'aujourd'hui; ce qui est arrivé en 1832, soit à Toulon, soit à Marseille, devrait cependant nous rendre très circonspects dans nos prévisions sur l'avenir, d'autant plus que le choléra de 1849 n'attaque pas constamment les mêmes régions, qu'il préfère même atteindre tantôt les riches et tantôt les classes inférieures, et qu'il fait des victimes sous les températures les plus opposées. A ce sujet, pourrait-on savoir pourquoi, dans le choléra des gens riches et habitant les lieux les plus sains, le principe actif du *canabis indica* a été plus utile à ces individus? (*Abeille médicale*, p. 234.)

Les rechutes étant presque aussi fréquentes dans le choléra que dans les fièvres intermittentes et rémittentes, ne faut-il pas, dans l'un comme dans les autres, insister sur les moyens curatifs à peu près les mêmes, savoir: l'opium et le quinquina que l'on continuera après la disparition des symptômes, soit du choléra intermittent, soit des tritophées à paroxysmes, que Torti et autres admettent également dans les mêmes saisons, l'été et l'automne?

§ XLVII.

PRÉCAUTIONS CONTRE LE CHOLÉRA.

On est d'autant moins exposé à l'impression d'un choléra épidémique ou contagieux que l'on s'est comme accoutumé à l'atmosphère de ceux qui l'ont, et que l'on n'est point démoralisé, soit par la frayeur de le prendre, soit par la manie décourageante de s'abandonner à des précautions peu rationnelles, tandis qu'il n'y en a point de meilleures qu'un courage raisonné et un régime bien entendu. Seulement, à cet égard, l'on se rappellera : 1° que les fièvres intermittentes, rémittentes et typhoïdes, dues à l'action des miasmes ou à des effluves marécageux, se montrent d'une contagionabilité variable suivant le temps, les lieux et la constitution régnante ; 2° que la nature de ces diverses maladies , simples ou compliquées, graves ou légères, approchera plus ou moins de l'ataxie ou de l'inflammation, suivant que la position et la manière d'agir des exposés et des malades sont analogues entre elles, et suivant que l'affection morbide s'exercera diversement sur les systèmes nerveux , cérébral , thoracique, abdominal et cutané.

Relativement à l'influence du moral , l'on saura que dans l'Egypte, où a sévi le choléra, la seule idée qu'il était contagieux a suffi pour en exaspérer l'activité et pour augmenter le nombre de ses victimes.

L'action des miasmes délétères ou marécageux sur nos organes n'est pas toujours également prompte et sensible. Souvent elle n'est appréciable à nos sens que lorsqu'elle est profondément établie. Cette différence d'action et de gravité tient probablement à la force physique et à la faiblesse morale des individus, qui, dans tous les cas , sont visiblement influencés par l'humidité et par la température de l'air. (Gardiner, p. 73 et 88.)

Parmi les phénomènes météorologiques mentionnés dans le § XLIX se remarquent les effets de la chaleur qui feront varier le siége des symptômes cholériques, de manière que ce sera la poitrine et l'organe cutané qui apparaîtra le plus compromis par une grande chaleur atmosphérique de l'été, et que l'irradiation consensuelle, ou de l'affection de la périphérie du corps, ou de la lésion du système vasculaire ou nerveux, fera surgir des phénomènes provenant de l'état du système biliaire ou vasculaire.

§ XLVIII.

AUTRES PRÉCAUTIONS.

C'est à la différence du régime, des occupations morales et physiques, c'est à la variété des combustibles et des vapeurs au milieu desquelles on se trouve, que tiennent la marche et l'intensité des épidémies. Et il n'est pas surprenant que les vins aigres et frelatés favorisent la diathèse acescente, à laquelle on est beaucoup sujet dans certains cas, et surtout à l'occasion des végétaux *cuits à l'eau.*

Quoique le soufre natif puisse être regardé comme un corps isolant contre le choléra, toujours faut-il avouer que les vapeurs sulfureuses et ces bains sulfureux et chauds ont paru ajouter à la violence du choléra, contre lequel on ne peut trop conseiller la propreté, le changement des vêtements, l'action bienfaisante de l'air renouvelé, de la lumière, surtout de celle du soleil, les boissons tempérées et tempérantes, une alimentation convenable; et l'on recommande surtout de se tenir les pieds, l'estomac et les reins chauds, de se frotter légèrement les pieds et les cuisses, de se faire des ablutions et des lotions des mains, et de se frictionner doucement les bras et les jambes. Les vêtements de *soie*, mais toujours souvent changés, ne sont pas à négliger.

En confirmation des précautions hygiéniques que l'on vient d'indiquer, les voyageurs et les praticiens ont remarqué que les temps de perturbations politiques, ainsi que les jours de fêtes où l'on commet volontiers des erreurs dans le régime, favorisent également le développement des épidémies miasmatiques, fréquentes surtout dans les lieux marécageux, où viennent des végétaux à sucs ou à sève de nature acescente, et fournissant, par la distillation, une liqueur acide ou âcre, facile à entrer en fermentation. (Vallérius, *Minéralogie*, tome II, p. 147.)

§ XLIX.

PHÉNOMÈNES TERRESTRES ET ATMOSPHÉRIQUES.

La quantité d'électricité variant dans nos corps, la puissance du principe électrique doit être différente (lorsque nous sommes dans un état anormal) suivant la partie du jour : le matin elle est sensible; dans le milieu du jour elle est peu appréciable; le soir, elle se rétablit et même elle redouble. (Du Potet, *Journal du Magnétisme*, tome II, p. 85.)

Ainsi, il est probable que la contagion et le choléra éprouvent ou produisent une influence quelconque sur nos organes malades dans différents points du jour ou de la nuit.

L'action du galvanisme et de l'aimant est telle que, pendant que le choléra sévit, un bloc magnétique dont la force est de quatre-vingts livres peut ne porter que treize livres, et que sa force peut revenir à soixante livres à mesure que le choléra diminue. De plus, il est arrivé que le télégraphe électro-magnétique n'a pu fonctionner tant que le fléau sévissait.

Les phénomènes manifestés au moment de l'invasion et pendant la marche du choléra ont été observés à Saint-Pétersbourg en 1848, et dans la période où le choléra faisait le plus de ravages, pendant lesquels l'aiguille aimantée n'a cessé d'être agîtée et vacillante. Cette anomalie n'a été suspendue que pendant un jour où le brouillard régnait sur la ville.

Dans cette singulière circonstance, les appareils électriques et magnétiques ne reprirent leur puissance que lorsque l'influence du fléau vint à s'atténuer peu à peu. (*La Presse*, 13 octobre 1848.)

Il y a la plus grande analogie entre l'atmosphère des grandes villes populeuses et celle des localités marécageuses ordinaires. La première ne diffère de la dernière qu'en ce qu'elle est plus dense, plus étendue, plus complexe, et qu'elle participe moins aisément aux mutations qui se manifestent dans l'air des lieux palustres, lesquelles varient encore suivant l'influence d'une végétation régulière et presque permanente, que connaissent à peine, dans leur intérieur, les populations nombreuses concentrées. Aussi, les épidémies sont-elles plus graves et plus meurtrières à la ville qu'à la campagne.

§ L.

TEMPÉRATURES DE LA TERRE ET DE L'AIR ATMOSPHÉRIQUE.

Comme la terre conserve sa chaleur *mille fois* plus long-temps que l'air, il suit de là que, lorsque l'air vient à se refroidir, les vapeurs et exhalaisons de la terre s'élèvent avec plus de force. C'est par cette raison que la quantité des vapeurs devient si grande dans *l'air*, qu'elles sont obligées de retomber à terre pour peu qu'elles soient condensées par la moindre fraîcheur ; c'est là précisément ce qui produit la rosée. (Vallérius, *Hydrologie*, p. 16, à la fin du 2ᵉ vol. de sa *Minéralogie*.)

Cette observation météorologique paraît exiger l'explication suivante des brouillards.

§ LI.

BROUILLARDS, ETC.

Il en est de trois espèces, dont chacune doit être d'une action distincte et différente sur les animaux et les végétaux.

1° Les brouillards se forment dans l'air humide lorsque la force élastique de la vapeur est plus grande que la force élastique correspondante à la température de l'air. Ainsi, lorsque des brouillards s'élèvent au-dessus des lacs, des fleuves, des rivières, c'est que la température de ces eaux étant plus élevée que celle de l'air, il faut nécessairement que la vapeur qui s'en élève, mise en contact avec l'air plus froid, se condense et forme alors à leur surface des brouillards plus ou moins épais. C'est exactement le même phénomène que nous voyons sans cesse se passer sous nos yeux, lorsqu'il s'échappe de la vapeur d'un vase où est contenue de l'eau chaude; cette vapeur doit son existence aux mêmes causes qui déterminent la formation des brouillards à la surface des eaux.

2° Quand arrive le moment du dégel, où des crevasses arrivent sur le sol par la chaleur de l'humidité souterraine, après des pluies, les rivières, les lacs et toutes les surfaces mouillées se couvrent de brouillards épais; mais ici ce ne sont plus les eaux qui présentent une température plus élevée. Tout-à-l'heure c'était l'eau, maintenant c'est l'air qui, plus élevé en température, se condense lorsqu'il se met en contact avec la surface plus froide de l'eau qu'il approche. Il en est de même lorsque pendant l'été il se forme des brouillards au-dessus des eaux lorsqu'il a plu; c'est qu'alors l'air étant plus chaud que la surface des eaux, il doit nécessairement se condenser.

3° Nul doute que l'action des premiers brouillards, qui se formant en l'air retombent vers la terre, sur l'économie animale surtout, doit être un peu différente de celle des seconds qui s'élèvent de la terre dans l'air. Peut-on dire que les pathologistes se soient bien clairement occupés de cette différence? Ont-ils seulement positivement observé que le mélange de ces deux espèces de brouillards ait influencé sensiblement nos corps? Je ne dis rien des brouillards *secs* qui enveloppent les régions polaires et qui ont été liés, à de certaines époques, à quelques éruptions volcaniques, à quelques grands tremblements de terre. Voyez les différents ouvrages météorologiques et le *Dictionnaire pittoresque d'Histoire naturelle*, par Guérin, tome I, p. 531.

§ LII.

ABSORPTION MIASMATIQUE.

L'absorption miasmatique n'a pas lieu tant que l'épiderme est dans son état naturel ; mais un effluve chaud et humide dissout-il cet épiderme, celui-ci ne s'oppose plus à la propriété absorbante, parce que l'humeur de la transpiration qui se trouve à l'extrémité des vaisseaux absorbants, ne permet pas que la faculté exhalante et inhalante ait lieu au-dessous de la croûte dite *épiderme*. L'inertie ou la désorganisation de cette dernière surpeau serait-elle due à la propriété qu'aurait le miasme cholérique ou marécageux de pénétrer et de désorganiser l'épiderme? Cette faculté dissolvante ferait-elle croire que le miasme serait *acide*, tandis que la transpiration ou la sueur au-dessous de l'épiderme serait plutôt alcaline, et qu'on s'opposerait à ces effets acides par l'emploi des absorbants alcalins? Cette idée serait confirmée par le venin acide de la vipère, dont la morsure est combattue par l'alcali volatil. Du reste, cette absorption serait-elle plus favorisée par une température de huit ou dix degrés (dans l'air ou l'eau), tandis qu'elle n'aurait point lieu à vingt-cinq degrés?

L'absorption cutanée se ferait-elle par des conduits capillaires qui se trouveraient dans le principe des tuyaux veineux, tandis que l'exhalation s'opérerait par des rameaux placés à la fin des vaisseaux artériels, où le cours du sang serait ralenti? (*S. M. de médecine*, t. VII. *Mémoires*, p. 88.) C'est à l'absorption cutanée, déterminée par le froid, que tient la cause formelle des maladies régnantes, dont la cause matérielle se trouve dans les vapeurs qui entourent nos corps, et il en résulte des *épidémies*, si l'excitation de l'absorption cutanée est *générale*, et des maladies *intercurrentes*, si le froid dirige l'*inhalation* vers des organes qu'il affecte particulièrement. (*Mém. de la Société royale de Médecine*, t. IV, p. 65.)

§ LIII.

TRAITEMENTS IDENTIQUES.

Les anciens, quoique moins éclairés que nous sur l'étiologie de diverses maladies de mauvais caractère, ne se montraient pas moins rationnels en les traitant, malgré leur complexité, d'après les symptômes les plus saillants, dont un seul leur suffisait pour les faire regarder toutes comme des maladies particulières et spéciales. Les modernes, marchant sur les traces de leurs prédécesseurs, se sont cru fondés à n'opposer que les mêmes moyens curatifs à toutes les maladies dont les symptômes les plus caractéristiques peuvent changer de nature; ainsi doit-on faire de même par rapport aux typhus cholériques et marécageux et autres, qui varient en effet suivant les conditions et les circonstances, demandent cependant les mêmes soins, les mêmes précautions et les mêmes médicaments. Parmi ces derniers, qui présentent quelques légéres modifications, se trouvent en premier rang le quinquina et l'opium, qu'une saine

pratique engagera peut-être, d'après les notes suivantes, à admettre dans le traitement de toutes
ces maladies analogues ou congénères, malgré
quelques variétés accidentelles dans leurs symptômes.

§ LIV.

TRAITEMENT EXTÉRIEUR, FRICTIONS.

Les frictions sur le ventre, le rachis, l'estomac,
faites quatre ou cinq fois dans le jour avec un
liniment composé d'ammoniaque liquide, de lau-
danum de Sydenham, le tout incorporé dans de
l'huile de camomille, sont utiles non seulement
par elles-mêmes, mais encore en favorisant l'action
des autres remèdes empiriques, qui sans elles
seraient rarement avantageux; elles doivent être
surtout faites à l'aide d'un fer chauffé.

Les crampes cholériques ont été combattues par
l'emploi successif ou simultané 1° du *massage par
grande pression*, qui tendait à ramener le sang des
extrémités vers les gros vaisseaux, et 2° des frictions légères en sens contraire, de haut en bas, sur
les membres, et avec une peau de chat. (*Abeille
médicale*, 6ᵉ année, page 50.) La lessive d'eau
de chaux employée en lotions agit sur les parties
animales et singulièrement sur les graisses, les

matières gluantes et les venins qui, étant aussi de nature visqueuse, se gagnent par la contagion, sont aspirés par la peau et introduits dans le sang. Cette lessive de chaux faite avec des cendres ordinaires et prise en bains a guéri des gales opiniâtres.

En admettant que les miasmes ou les effluves qui déterminent les maladies épidémiques et contagieuses sont de nature acide ou alcaline, l'on peut recourir aux acides et aux alcalins. (Clerc, *Medicus veri amator,* p. 198.) Ainsi, en soupçonnant que le miasme soit introduit dans notre appareil respiratoire ou dans nos organes gastriques, on peut espérer quelques bons effets des analogues, des expectorants, par l'emploi du tabac à fumer ou par d'autres moyens capables de diminuer directement ou indirectement la susceptibilité de l'estomac et des intestins.

§ LV.

TRAITEMENT D'APRÈS LES CIRCONSTANCES EXTÉRIEURES.

Dans un grand nombre de fièvres catarrhales, marécageuses, ou autres affections qui ont quelque rapport avec le typhus et dont les symptômes proviennent spécialement d'une lésion dans les systèmes cutané et gastro-hépatique, on doit apprécier les modifications qu'elles ressentent de l'influence incontestable de l'année, de la saison, de la température terrestre et atmosphérique, et notamment de celle du vent du nord qui a dominé plusieurs jours avant, des grandes chaleurs, etc. Ne trouverait-on pas bien de joindre au traitement le plus méthodique ordinaire l'application des irritants, des moxas, par exemple, sur l'épine du dos et sur le ventre, comme on le fait en Chine et dans les Indes?

§ LVI.

TRAITEMENT INTÉRIEUR.

Les eaux de Barèges guérissent souvent les humeurs scrofuleuses, mais lentement, vu qu'elles n'humectent d'abord que la superficie de la peau ; ainsi elles peuvent convenir dans les suites du choléra ou d'autres typhus.

La poudre des feuilles de la belladone, qui a été recommandée, dont l'usage intérieur a été ordonné contre le venin de la vipère et de la rage, ainsi que contre la peste qui a régné près de Cronstadt, en Transylvanie, en 1786, est également indiquée dans le choléra, à la dose de deux grains soir et matin, avec du sucre, et surtout en y joignant chaque fois un demi-gros de quinquina ; ce mélange

a paru agir puissamment sur les parties glandu-
leuses et provoquer la sueur. Toutefois, en cas de
congestions sanguines à la poitrine, à la tête, ou
d'une fièvre bilieuse, inflammatoire, putride, ou
d'une décomposition d'humeurs, d'une lésion or-
ganique intérieure, il faut être circonspect dans
l'emploi de la belladone et du quinquina, dont il
faut faire précéder l'usage par celui des antiphlogistiques et des évacuations gastriques. (Lange,
Rudimenta doctr. de peste, 1792, *editio alter., in
præfat.*, p. 27.) Remarquons bien que les mouvements salutaires que déterminent les moyens ci-
dessus, sous forme de sueur, sont analogues à
ceux que la nature provoque après le stade du *froid*
des fièvres d'accès qui soulage, etc.

§ LVII.

BOISSONS.

L'acétate d'ammoniaque, à la dose de 15 à 20 gr.
dans 1 ou 2 livres d'eau froide, que l'on faisait boire
aux cholériques en abondance, agissait-il avanta-
geusement par l'ammoniaque ou par l'acide? Je
penserais que ce serait par son principe alcalin.
Il ne faut au reste prendre toutes sortes de boissons
contre le choléra que par de petites quantités à
la fois, mais souvent répétées; cette précaution
est fortement recommandée par Lafont-Gouzy.

§ LVIII.

Dans le traitement du choléra-morbus, il faut surtout prendre en considération 1° que les affections intestinales et cutanées sont tellement consensuelles, qu'Hippocrate a admis un rapport de la *laxité intestinale* avec la *sécheresse* et la densité de la peau et celui de la rareté de la peau avec la sécheresse du ventre, 2° que souvent on voit des diarrhées habituelles céder aux sudorifiques et aux opiacés chez les malades qui n'y sont point accoutumés.

Pourquoi la promptitude dans l'administration des moyens curatifs a-t-elle eu d'heureux effets? C'est que dans la première période de l'invasion cholérique les symptômes étaient plus expressifs, et qu'ils permettaient de mieux *deviner* le siége de la maladie et de l'attaquer par des remèdes plus spéciaux. Mais que d'inconvénients, que d'embarras, que d'incertitudes quand dans les périodes subséquentes il y avait confusion dans les phénomènes et dans la transmutation mystérieuse des organes consécutivement intéressés! Alors la maladie n'était plus la même, et à ce changement ordinairement inattendu et comme inaperçu, le langage de la nature n'était plus entendu ; en un mot, il n'y avait rien de plus clair que la présence de l'agonie, que la disparition de la vie.

De plus, comme les symptômes cholériques ne sont pas également aussi intenses les uns que les autres, il serait peut-être utile d'en faire prédominer un ou deux. C'est ainsi que l'on peut diminuer les selles en prenant à tâche de faire boire moins d'eau de poulet que d'eau chaude, qui est plus apte à favoriser et à provoquer le vomissement, et que l'on calmerait l'irritation viscérale interne en en produisant une plus forte sur des parties opposées ou éloignées. Dans la même vue, et considérant que la peau est presque toujours compromise par les causes du choléra, il faut préférer aux excitants donnés à l'intérieur l'application des linges brûlants sur les différentes parties du corps, les sinapismes aux genoux, et en même temps il ne faut pas oublier que l'eau froide en boisson peut reporter la chaleur à la peau et diminuer ainsi les autres accidents.

§ LIX.

TRAITEMENT ALCALIN.

On combat les fièvres chroniques, les intermittentes rebelles dont l'élément est l'acescence (autrement dit le *lentor pituitosus* des humeurs), par le sel de Duobus ou sulfate de potasse, ou par le sel fébrifuge de Sylvius *(murias potassœ)* et surtout par le sel ammoniac. Quand on a affaire à des fièvres dont le *lentor viscosus* et l'acescence sont moins l'élément que celui des précédents, on préfère aux sels sus-mentionnés la potasse acidulée, ou la crème de tartre simple ou soluble, et l'esprit de Mendererus. Quand le sel ammoniac est indiqué à la dose d'un scrupule à deux drachmes, en deux ou trois fois, pendant l'apyrexie, seul ou combiné avec le sucre, ou dissous dans l'eau distillée, et mieux encore dans une émulsion d'amandes, de jaunes d'œuf, il a combattu des fièvres périodiques. (Vogel, *Praxeos,* t. I, p. 108.) Combiné avec le quina (surtout après des sels digestifs et l'émétique), il triomphe des fièvres intermittentes les plus opiniâtres. (*Com. Leips., decad.* II , *supplément.* I , p. 212.)

Le carbonate d'ammoniaque , donné à la dose de cinq à huit grains , a arrêté complètement l'accès d'une fièvre marécageuse, ou du moins il en a abrégé la durée. (*Annales de littérat. méd. étrang.*, t. XIII, p. 245.) Les ablutions froides, etc., l'application des ligatures dans diverses parties du corps ont donné également lieu à de bons résultats. Carminati recommande encore l'éther à la dose de 12 à 15 gouttes, à jeûn surtout et demi-heure après l'effet d'un lavement pris trois heures avant l'accès. (Carminati, *Materia medica.*)

§ LX.

QUINQUINA.

Naturellement indiqué dans les fièvres rémittentes malignes d'été, même avec lésion des systèmes thoracique et épigastrique, le quinquina est d'une utilité spéciale quand l'accès ou l'exacerbation de ces fièvres arrivent surtout le soir, et qu'on n'a recours à cette écorce qu'après de petites saignées ou de légers minoratifs, en supposant toutefois qu'on en ait le temps. Il peut arriver qu'elles aient paru céder au quinquina pendant quelques jours, et que cependant, en reparaissant, leurs accès ou leurs paroxysmes nouveaux ne cèdent plus à ce moyen. C'est dans ce cas de récidive qu'en la remplaçant par le sulfate de quinine, on vient à bout de les faire

cesser. D'autre part, et en sens contraire, après
cette dernière préparation salino-alcaline, on a
aussi été quelquefois obligé de venir au quinquina
en substance. Ces deux substitutions avantageuses
ont eu lieu quand il s'est formé une métastase
d'humeurs, qui se manifeste surtout chez ceux
qui ont éprouvé auparavant des éruptions psori-
ques, et qui en même temps ont fait usage des
astringents. (Plenciz, *Acta et Observata,* p. 59-74.)

Le quinquina peut et doit être donné en lavement quand les symptômes typhoïdes ou cholériques paraissent s'irradier de l'estomac. C'est
avec ces différentes médications quinquinacées
que l'on s'est bien trouvé, comme dans les fièvres
intermittentes de la Sologne, en y ajoutant d'autres amers et l'application des ventouses le long
de la colonne vertébrale et ailleurs. (Le journal
la Réforme, 9 mars 1829, et l'*Abeille médicale,*
t. I, p. 60.)

La quinine, donnée dès le début d'un typhus
dont le paroxisme a lieu le soir, paraît exercer
une action sédative, en produisant le ralentisse-
ment du pouls, et en abaissant la température
cutanée, de manière que ce moyen, administré
aussitôt que possible, jugule le mal en quelque
sorte.

§ LXI.

OPIUM.

Si les préparations et les doses du quinquina doivent être quelquefois changées dans divers cas de choléra, il en est de même pour l'opium, dont la quantité peut et doit être légère ou grande, suivant le temps, l'individu, etc., et dont encore l'extrait ordinaire, ainsi que les teintures vineuses ou alcooliques, n'ont pas été, en certains cas d'irritation particulière du tube intestinal, de la même efficacité que de simples décoctions aqueuses de têtes de pavot, prises en boissons, mais à petites doses répétées, et dont on peut encore augmenter la vertu sédative en y faisant dissoudre *quelques graines d'acétate de plomb. (Journal de Médecine et de chirurgie pratique,* t. III, p. 83).

§ LXII.

APPEL A LA PAIX INTÉRIEURE ET A LA CONCORDE GÉNÉRALE.

Dût-on s'exposer à quelque blâme et à quelque mécontentement, ne serait-on pas fondé à reprocher aux médecins en général de ne s'être pas montrés à la hauteur de leur profession humanitaire? En effet, on ne sache pas qu'un seul d'eux ait élevé la voix pour faire entendre que, dans les

journées néfastes de juin, les plus coupables ou
les plus malheureux se trouvaient dans des circonstances d'autant plus pénibles que Paris ne
cessait d'être dans un état de confusion, qu'il était
sans gouvernement définitif et que ceux qui se
présentaient pour chefs ne commandaient réellement pas à une nation civilisée et calme, mais
bien à des infortunés égarés par la malice des uns
et fourvoyés ou abandonnés par l'incurie des
autres. Aussi, et jusqu'à nouvel ordre, se croira-t-
on obligé d'avouer qu'en février 1848, on a fait des
promesses extravagantes que l'on ne pouvait
tenir, mais dont l'inobservance aurait pu ne pas
exaspérer le peuple si, huit ou quinze jours après,
l'on eût eu la franchise et le courage d'avouer le
dédale et le cahos où l'on se trouvait. Cette déclaration, pénible, il est vrai, à l'amour propre,
aurait calmé les masses, et modéré les prétentions des travailleurs et des malheureux, qui se
seraient, à leur tour, départis de leurs exigences.
Mais point. Un prétendu pouvoir, un gouvernement provisoire a stupidement persisté à tenir
contre sa position fâcheuse; il a continué sa première voie scabreuse; il n'a contenté personne,
et il a tout fait pour amener et perpétuer la gêne,
la souffrance et la haine.

Un guerrier, ne pouvant plus servir un roi, un maître et un bienfaiteur, et n'écoutant dès lors qu'une ambition qui l'a perdu, crut pouvoir se charger de la direction des mouvements, au lieu de rentrer sous sa tente, pour y attendre que la tourmente cessât et fît place à un calme. Au lieu de remplir le rôle qui aurait ajouté à sa réputation, cet officier supérieur profita de l'embarras général pour se former un plan stratégique, et se poser en dictateur, dont le caractère et les fonctions devaient naturellement se ressentir. Aidé de la coopération d'autres chefs qui s'étaient aussi vus sous l'influence d'un soleil brûlant et d'un régime arbitraire, d'ailleurs favorisé par des princes qui ne respiraient que le despotisme, et par le spectacle d'une population indigène, mais formée à l'obéissance la plus passive et la plus humiliante, notre nouveau général suprême songe à séparer l'armée d'avec les citoyens. Bientôt la discipline militaire est compromise, et la confiance de la nation est ébranlée.

Dans cette situation des esprits, on ne pouvait pas espérer le repos ; toutes les passions étaient déchaînées, les lois étaient méconnues ou soumises aux caprices de chaque parti. Au milieu de ce conflit, l'Assemblée nationale, ne pensant ni à ce qu'elle se devait ni à ce qu'elle devait au pays, n'a pu prévoir et détourner l'orage, et ses erreurs ou ses fautes ont amené l'explosion de juin. Serait bien téméraire ou insensé celui qui voudrait établir la source et le vrai siége de nos dissensions. Ce qu'il y a de trop certain, c'est qu'une lutte armée s'est produite, c'est que le sort des vaincus a décidé qu'ils avaient tort. Mais ce tort est-il bien prouvé? Les heureux comme les malheureux n'étaient-ils pas également tous sous le poids d'une monomanie? Et c'est sous ce rapport que l'autorité, quelle qu'elle fût, devait d'abord s'assurer de l'état moral maladif de chaque parti et même de chaque individu, avant d'en venir à des mesures arbitraires, injustes et cruelles, dont le résultat fâcheux sera plus nuisible aux vainqueurs qu'aux vaincus, et plus général encore que celui de la révocation de l'édit de Nantes.

C'est donc dans ce conflit d'idées opposées et désastreuses que l'on aurait dû consulter le conseil de salubrité comme l'a fait dernièrement un conseil de guerre qui a presque acquitté un sous-officier convaincu des profanations les plus infâmes. La déclaration de ces experts aurait fait au moins hésiter le pouvoir et l'aurait sans doute rendu moins sévère. Oui, si les insurgés ont agi sous la monomanie du désespoir, les chefs du gouvernement ont aussi condamné les vaincus sous la monomanie de la peur. Oui, c'est dans la crainte des vengeances et des représailles qu'on a condamné des masses d'infortunés sans les juger; mais cette crainte augmentant chaque jour, doit-on se refuser constamment à une amnistie complète? La politique bien entendue, l'intérêt général et particulier, les plaintes de quelques innocents, les cris des veuves et de leurs enfants ne pourront-ils remuer un peu les entrailles de certains individus qui n'ont ni foi, ni loi, ni Dieu, ni patrie? Serait-il donc inutile de représenter que la majorité numérique d'une chambre nationale n'est pas à l'abri de toute défaite, et de rappeller aux réactionnaires et même aux membres égarés du clergé que le triomphe du christianisme a été opéré par une bien petite minorité, dont l'exemple apostolique et la conduite évangélique devraient bien radoucir un peu la pétulante exaltation, et rabaisser les prétentions de certains individus dont on nous menace dans le renouvellement du cabinet?

Mais si une politique affreuse veut tenir un gouffre continuellement ouvert, est-il défendu à l'humanité, à la clémence, de faire entendre que la monomanie a existé de part et d'autre, et que tout doit être employé pour faire oublier la distance qui règne entre les vainqueurs et les vaincus. Une conduite opposée laissera la porte sans cesse ouverte aux révolutions qui, au reste, doivent être considérées comme naturelles et nécessaires. Dans tout ce qui se conçoit, se dit et se fait dans ce monde, on aura beau faire, régnera toujours la succession du bien au mal, la descente d'une position d'aisance à une position de privation.

Ne voyons-nous même pas déjà une modification remarquable dans notre état moral? Le maréchal Bugeaud, d'abord le coryphée de la réaction, s'est humanisé sur le déclin de sa vie, et a fini par déclarer que la minorité ne devait pas être opprimée? D'autre part, n'est-on pas affligé de voir l'apostasie et la perfidie succéder à une vie passée honorable? *Perversio optimi pessima!*

Juillet 1849.

FIN.